रचना की ज़मीन

रचना की ज़मीन

संध्या सिंह

वाणी प्रकाशन

वाणी प्रकाशन
4695, 21-ए, दरियागंज, नयी दिल्ली 110 002
शाखा
अशोक राजपथ, पटना 800 004
फ़ोनः +91 11 23273167 फ़ैक्स: +91 11 23275710
www.vaniprakashan.in
vaniprakashan@gmail.com
sales@vaniprakashan.in

RACHANA KEE ZAMEEN
by Sandhya Singh

ISBN : 978-81-8143-902-4
Criticism

प्रथम संस्करण

मूल्य : ₹ 450

सिटी प्रेस, दिल्ली-110 095 में मुद्रित

वाणी प्रकाशन का लोगो मक़बूल फ़िदा हुसेन की कूची से

पाखी
प्रांशु
और
साहिल के लिए

यह किताब...

ये पन्ने वर्षों से मेरी फ़ाइलों में दबे पड़े थे। कुछ मैंने सहेजे तो कुछ (अधिकांश) मित्रों ने। कई बार सोचा क्यों न इनको एक जगह कर लिया जाय। पर जब-जब सोचा अलग-अलग कारणों से टलता रहा। अब जबकि एक किताब के रूप में इन्हें एक जगह करना शुरू किया तो लगा मिजाज़ और विषय की भिन्नता के बावज़ूद एक बात जो पूरी सामग्री का अन्तःसूत्र बन सकती है वह रचना ही है। इसीलिए इस किताब को मैं 'रचना की ज़मीन' ही कहना चाहूँगी। भाषा और समाज पर सोचते हुए, किसी कविता को पढ़ते हुए या फिर किसी किताब को पढ़ते हुए बच्चों की शिक्षा की ज़मीन की पड़ताल करते हुए मेरी जो तालीम हुई, उसकी भी ज़मीन।

इस किताब को तीन खंडों में रखा गया है। पहला खंड 'भाषा और समाज पर सोचते हुए' में वे टिप्पणियाँ हैं, जो जब-तब पत्र-पत्रिकाओं में छपती रही हैं। ये रचनाएँ शिक्षा पर काम करते हुए अपने समय और समाज को समझने की एक कोशिश है। किसी योजना के तहत नहीं, यूँही नौकरी और रोज़मर्रा के काम करते हुए लिखी गयीं। जब काम सिर्फ़ काम मात्र न रहकर दिलो-दिमाग़ से ज़ुदा न रह सका। जब किसी घटना, किसी बात-बहस ने मुझे बेचैन किया—इस तरह कि लिखे बिना मुक्ति का कोई रास्ता न रहा।

दूसरा खंड है 'कविता को पढ़ते हुए'। ये रचनाएँ कवि और कविता को अपनी नज़र से पढ़ने की एक कोशिश है। अपने विद्यार्थियों तक कविता को ले जाने से पहले कविता से हुए संवाद को और उनसे कविता पर हुई बातचीत का नतीज़ा है। हर किताब कुछ कहती है। कभी-कभी उस 'कहन' को कह देने का निमित्त मेरी कलम भी बनी। ऐसी टिप्पणियाँ तीसरे खंड 'किताबों से गुज़रते हुए' में शामिल हैं।

लिखना और उसका छपना दुनिया को बदलता है कि नहीं, इस पर बहस हो सकती है पर इन शब्दों के जरिये बाहरी दुनिया के साथ-साथ मेरा भीतरी संसार भी कुछ अधिक साफ हुआ, कुछ अधिक मुक्त हुआ—इस पर मेरे

मन में कोई बहस नहीं है। कभी बच्चों, कभी आस-पड़ोस तो कभी किताबों को पढ़ते, सोचते-विचारते की गयी ये टिप्पणियाँ मेरी ख़ुद की 'रचना की ज़मीन' भी हैं, जो अब आपके हाथों में है।

इनमें से अधिकांश रचनाएँ समय-समय पर अलग-अलग पत्र-पत्रिकाओं में छपती रही हैं, उनके सम्पादकों का आभार। कुछ लोगों का विशेष आभार—सबसे पहले, बहुत सी टिप्पणियों के पहले पाठक स्व. डॉ. बच्चन सिंह (आलोचक और मेरे श्वसुर) जिनके भरोसे के बिना ये शब्द अब भी कहीं दबे ही होते। दूसरे, श्री श्याम सुशील और राजीव जी, जिनकी सलाह और सहयोग के बिना फ़ाइलों में दबे ये पन्ने किताब की शक्ल न ले पाते।

29 अक्तूबर, 2016

—संध्या सिंह

अनुक्रम

भाषा और समाज पर सोचते हुए

तालीम की ज़मीन

पिछले दिनों हिन्दी का पाठ्यक्रम और नयी पाठ्यपुस्तकें तैयार करते हुए शिक्षा, खासतौर से भाषा की पढ़ाई की दरकती नींव और उसके पोलेपन को शिद्दत से समझने-बूझने का मौक़ा मिला। हमारा समाज बच्चों की पढ़ाई-लिखाई को बड़े हल्के ढंग से लेता रहा है। यहाँ तक कि शिक्षा के बुनियादी ढाँचे को समझने या बदलने के बाबत पढ़े-लिखे वर्ग या बुद्धिजीवियों ने भी कोई खास दिलचस्पी नहीं दिखायी। नतीजा यह हुआ कि देश के भावी नागरिकों की समस्याएँ भी भावी बनकर रह गयीं। ऐसा क्यों हुआ कि बच्चों की पढ़ाई हमारे सोच के केन्द्र में नहीं रही? दुनिया के सबसे बड़े प्रजातान्त्रिक देश में बच्चों की इतनी उपेक्षा! बच्चों के हर मुद्दे पर संवेदनशीलता दिखाने वाला देश उनकी पढ़ाई के मुद्दे पर इतना असंवेदनशील क्यों है?

पाठ्यक्रम निर्माण के दौरान ऐसे बहुत से बुनियादी और ज़रूरी सवालों, जो आमतौर पर ग़ैर-ज़रूरी समझे जाते रहे, से जूझते हुए लगा कि शायद इस मुद्दे पर आज तक बहुत कुछ लिखा और बोला गया, पर अब करने की बारी है। इस दौरान हिन्दी कवि मुक्तिबोध लगातार याद आये : *'जो है उससे बेहतर चाहिए/दुनिया को साफ करने के लिए मेहतर चाहिए/वह मेहतर मैं हो नहीं पाता।'*

पर वह मेहतर हमें होना होगा। आज सूचना-क्रान्ति का समय है। यहाँ तक कि हमारे समाज में आज भावनाएँ भी एक सूचना मात्र बनकर रह गयी हैं। ऐसे में बोझ रहित और रुचिकर शिक्षा की बात करना चुनौती बन गयी। भाषा-साहित्य की पढ़ाई के लिए यह चुनौती कुछ अधिक बड़ी थी, क्योंकि भाषा बच्चे की शिक्षा के लिए ज़मीन का काम करती है और साहित्य इस ज़मीन की सिंचाई का प्रमुख साधन है। दुर्भाग्य से इस ज़मीन का जायजा लेने की कोशिश कम ही हुई है। ऐसे में नयी पाठ्यपुस्तकों की परिकल्पना के लिए ज़मीन बनाने का काम अब भी बाकी है।

नयी पुस्तकें तैयार करते समय इस मुद्दे पर विशेष ध्यान केन्द्रित किया गया कि बच्चों को खुद-ब-खुद पढ़ने का चस्का लग जाए, किताब ऐसी हो। एक ओर शिक्षा बिना बोझ के जैसी अवधारणा थी तो दूसरी ओर सूचनाओं का लहराता अपार समुद्र। किनारा बहुत दूर था। किताबें बनीं, लेकिन अगला कदम कुछ अधिक मुश्किल था। समय के तेज़ी से बदलने का अहसास साथ था, यह दुनिया हर क्षण

नयी हो रही है, भाषा हर पल नया रूप ले रही है—यह भी अहसास था, तो फिर इन तमाम बदलावों के साथ कदम मिलाकर चलने के लिए बच्चों के हाथों में एक नयी किताब क्यों नहीं?

इसी जज्बे को लिए नयी पाठ्यपुस्तकों के साथ शिक्षण-प्रशिक्षण कार्यक्रमों और टेलीकान्फ्रेंसिंग के जरिये जब अध्यापकों से जुड़ने का अवसर मिला तो उनकी आँखों में नयेपन की चमक तो थी, पर मन में कुछ सवाल थे जो घूम-फिरकर लगभग हर ऐसे कार्यक्रमों में उठते रहे। बार-बार नयी किताब क्यों? तरह-तरह की हिन्दी क्यों? अलग-अलग जवाबों वाले सवाल क्यों? वगैरह।

मुझे गाँधीजी की कही एक बात याद आ रही है जो उन्होंने आज़ाद भारत के विद्यार्थियों के लिए कही थी। वर्धा में नयी तालीम या बुनियादी शिक्षा का मसौदा बन रहा था तो वहाँ जाकिर हुसैन, के.टी. शाह, आचार्य कृपलानी, आशादेवी आदि अनेक लोग मौजूद थे। बापू ने पूछा, 'के.टी., अपने बच्चों के लिए कैसी शिक्षा तैयार कर रहे हो?' सब चुप थे। के.टी. ने कहा, 'बापू, आप ही बताइए न, कैसी शिक्षा हो?' बापू का जवाब था, 'के.टी., अगर मैं किसी कक्षा में जाकर यह पूछूँ कि मैंने एक सेब चार आने में खरीदा और उसे एक रुपये में बेच दिया तो मुझे क्या मिलेगा? मेरे इस प्रश्न के जवाब में अगर पूरी कक्षा यह कह दे कि आपको जेल की सजा मिलेगी तो मानूँगा कि यह आज़ाद भारत के बच्चों के सोच के मुताबिक शिक्षा है।' गाँधीजी के इस सवाल पर सभी दंग थे। शिक्षा के क्षेत्र में जब तक ऐसे माहौल का निर्माण नहीं होता कि देश का हर बच्चा ऐसे सवाल उठाने का साहस कर सके तब तक हमें बार-बार ऐसे नये पाठ्यक्रम और नयी पाठ्यपुस्तकों की ज़रूरत होगी जो देश के हर कोने, हर क्षेत्र, वर्ग, जाति, हर धर्म के बच्चे के मन में ऐसे सवाल उठाने का साहस भर सके।

शिक्षा का उद्देश्य व्यापक होना चाहिए जिनमें 'विचार और काम की स्वतन्त्रता, दूसरों की भलाई और भावनाओं के प्रति संवेदनशीलता, नयी स्थितियों का लचीलापन और रचनात्मक तरीके से सामना करना, लोकतान्त्रिक प्रक्रिया में भागीदारी की प्रवृत्ति और आर्थिक प्रक्रियाओं तक सामाजिक बदलाव में योगदान देने के लिए काम करने की क्षमता' प्रमुख हैं। जाहिर है ये उद्देश्य कमोबेश हर नये पाठ्यक्रम के मूल में रहे होंगे। तो फिर नया क्या है? वह क्या है जो हर अगली पुस्तक के बनने के मूल में होना ही चाहिए।

'रामचरितमानस' की रचना करते समय तुलसीदास ने लिखा था—'नानापुराणनिगमागम सम्मतम्...क्वचिदन्यतोपि'। 'क्वचिदन्यतोपि' या 'कुछ और भी' की तलाश हमें नये की ओर ले जाती है। यह तलाश ही एक नयी रचना को जन्म देती है और नयी पुस्तक को भी। 'कुछ और भी' यानी जो अब तक कहा नहीं गया या शायद कहा तो गया, पर वैसे नहीं कहा गया जैसी समय की माँग है। समय की

माँग क्या है? यह एक अहम सवाल है।

हर समय की अपनी आवाज़ होती है। कुछ अपने बोल होते हैं, अपने शब्द, अपने मुहावरे होते हैं और होती है अपनी भाषा जिससे संवाद किये बगैर उस समय की धड़कन यानी बच्चे के लिए कोई किताब नहीं लिखी जा सकती। यही किसी भी नयी रचना या नयी पुस्तक की ज़मीन बन सकती है।

भाषा क्या है? *'निज भाषा उन्नति अहै, सब उन्नति को मूल'*–जब भारतेन्दु हरिश्चन्द्र ने यह बात कही थी, वह वक़्त स्वतन्त्रता आन्दोलन का था। जाहिर है स्वतन्त्रता से भाषा के व्यापक सम्बन्ध को उन्होंने बखूबी पहचाना था। यह विडम्बना ही है कि आज बहुत से हिन्दी भक्त उनको याद तो करते हैं (खासतौर से हिन्दी पखवाड़े में) और बार-बार उद्धृत भी करते हैं, लेकिन 'निज भाषा' के महत्त्व को भूल गये हैं कि भाषा का व्यक्ति की आज़ादी और व्यक्ति का देश की आज़ादी से क्या रिश्ता है?

भाषा-साहित्य की हर नयी पाठ्यपुस्तक बच्चे की अस्मिता, निजी सोच, निज पर विश्वास और इन सबके साथ-साथ आज़ादी की ज़बान बन सकती है। अफसोस है कि आज़ादी के लगभग सत्तर वर्षों बाद भी ऐसा नहीं हुआ है। हमारे बच्चे कभी पाठों की ज़बान बोलते हैं तो कभी अध्यापक की। स्कूली माहौल उसे अपनी भाषा दे सकने में असमर्थ रहा है। ऐसा कब तक होगा? कब तक बच्चे किसी दूसरे की ज़बान बोलते रहेंगे? इसका नतीजा बेहद ख़तरनाक हो सकता है। किसी से छिपा नहीं है कि युवा होते बच्चों की एक बड़ी जमात अपराध और हिंसा की दुनिया में सक्रिय हो रही है। इसे रोकना ही होगा और इस प्रक्रिया में भाषा की पढ़ाई को नये सिरे से बार-बार विचारना होगा। क्योंकि भाषा का प्रश्न अपनी अस्मिता, अपनी ज़मीन और खुद पर विश्वास का प्रश्न है।

कितने ही साल बाल वर्ष के रूप में मनाये गये। एक ओर बच्चों की माँगों को लेकर पूरा देश नये-नये शब्द गढ़ता रहा, नयी-नयी योजनाएँ बुनता रहा तो दूसरी ओर अपनी भाषा पा सकने की कोशिश में बेज़ुबान बच्चा छटपटाता रहा। एक पूरी की पूरी पीढ़ी यह पुकारते हुए बड़ी होती रही कि *'हमें हमारे शब्द दो/हम बोलना चाहते हैं/हमारी जीभ हमारे दाँतों के नीचे अकुला रही है।'* एक नयी पाठ्यपुस्तक जिह्वा की इस अकुलाहट को सुनने का अवसर बन सकती है। समय फिर हमारे हाथों में है। यह वह समय है जब पुराना अभी गया नहीं और नया बहुत कुछ आने को शेष है। यह वह समय है जब हम और आप सब मिलकर बच्चे को अपनी ज़बान दे सकने में सक्रिय भागीदारी कर सकते हैं।

भाषा की पढ़ाई के बहाने एक सचेत, जागरूक, सक्रिय ऐसी बोलती पीढ़ी पैदा करनी होगी जो भाषा का बर्ताव करते समय शोर और शान्ति में अन्तर कर सके।

भाषा बहता नीर

'क्या बने बात जहाँ बात बनाये न बने' रेख़्ते के उस्ताद मिर्ज़ा असदउल्ला खाँ ग़ालिब ने भला यह क्योंकर कहा होगा? क्या उस्ताद को भी मुश्किलें आती थीं बात को कहने में? यक़ीनन ग़ालिब को भी मुश्किलें हुई होंगी, वजह दिल की नुक्ताचीनी रही हो या फिर ज़माने की। उन्हें यह सब सहना पड़ा होगा क्योंकि उन्होंने शाइर की भाषा को नया जामा पहनाने की ज़हमत उठायी थी। कवि निराला को भी ज़माने की नुक्ताचीनी सहनी पड़ी थी क्योंकि उन्होंने 'मैं' शैली में कविता को ढाला और छन्द के बन्धन से मुक्त किया। लीक तोड़ने वाले को विरोधों का सामना करना ही पड़ता है। अभिव्यक्ति के ख़तरे उठाने की कीमत तो चुकानी ही होगी।

एंगेल्स ने भाषा को 'मनुष्य की व्यावहारिक चेतना' कहा है। कल्पना कीजिए कि यह चेतना किसी आतंक के साये में साँस लेने लगे? भाषा का आतंक, व्याकरण की गुलामी, मानकता की गिरफ्त उसे जकड़ने लगे? क्या होगा? चेतना गुलाम होगी और अगर चेतना गुलाम हुई तो खुदाया लाख जतन करें 'बिगड़ी न बने'।

कई बार सीधी-सादी बात भी भाषा के चक्कर में पेंच बनकर रह जाती है। नतीजा, बात बेअसर हो जाती है। इधर पुस्तकों पर काम करते हुए कुँवर नारायण की कविता 'बात सीधी थी' पर जब दुबारा दृष्टि गयी और उस पर कुछ लिखना भी पड़ा तो मन के कुछ दबे सवाल उठने लगे। पहले कथ्य या पहले भाषा? क्या कथ्य के बिना भाषा और भाषा के बिना कथ्य का अस्तित्व है? भाषा कथ्य के मुताबिक चलती है या कथ्य भाषा के मुताबिक! बात में भाषा कैसी हो? या भाषा में बात कैसी हो? हवा में सुगन्ध की तरह, कि बात बन जाए।

सवाल अहम है और मौजूँ भी। क्योंकि भाषा की पढ़ाई पूरी शिक्षा की नींव होती है। इसलिए भी ज़रूरी है कि स्कूल में पहला कदम रखता बच्चा यह जान सके कि भाषा पढ़ने के मायने अमूर्त वाक्यों या शब्दों से भरा पन्ना भर नहीं। भाषा पढ़ने के मायने हैं विचार और भावना से लबालब, अर्थ छवियों से सराबोर शब्दों की ऐसी दुनिया जिसके भीतर सारा जहान हो, अपनी पूरी ऊर्जा के साथ। ऐसा हो सकता है तब जबकि कथ्य अपनी भाषा खुद तय करे। कवि शमशेर ने जब कहा था *'बात बोलेगी/हम नहीं/भेद खोलेगी/बात ही'* तब वे कहीं न कहीं आश्वस्त स्वर

में घोषणा कर रहे थे कि हर कथ्य अपनी भाषा खुद तय करता है। इसी तरह एक और अहम सवाल कि भाषा व्याकरण को प्रभावित करती है या व्याकरण भाषा को?

हम थोड़ी देर के लिए महान रूसी कथाकार टालस्टाय के स्कूल में चलते हैं। वे कहते हैं, "हमने व्याकरण पढ़ाने के तरह-तरह के तरीके इस्तेमाल किये, पर एक में भी व्याकरण की पढ़ाई को आकर्षक बनाने का अपना लक्ष्य न पा सके। ठीक लिखने के प्रयोग कोई नहीं थे और अगर थे तो वे सही कम, ग़लत ज़्यादा थे। वाक्य-विन्यास सम्बन्धी विश्लेषण करते हुए अध्यापक को लगातार विद्यार्थियों के सामने चालाकी बरतना और उन्हें धोखा देते रहना पड़ता है, जिसे वे अच्छी तरह भाँप लेते हैं। उदाहरण के लिए, एक वाक्य था 'पृथ्वी पर पर्वत नहीं थे।' एक विद्यार्थी ने कहा कि वाक्य में कर्त्ता पृथ्वी है, दूसरे ने कहा कि नहीं, कर्त्ता पर्वत है, मगर हमने कहा कि यह कर्त्ताहीन वाक्य है और हमने पाया कि विद्यार्थी केवल शिष्टाचारवश ही चुप हो गये, हालाँकि भली-भाँति समझते थे कि हमारा उत्तर उनके उत्तरों से कहीं अधिक बेवकूफी भरा था।"

दरअसल, व्याकरण कोई भी ऐसे सिद्धान्त प्रतिपादित नहीं कर सकता जिसका भाषा के आम प्रचलन में अपना कोई वजूद न हो। भाषा ही व्याकरण की निश्चित सीमा है। व्याकरणविद् किशोरी दास वाजपेयी के शब्दों में कहें तो 'भाषा की चाल को व्याकरण बदल न देगा। यह उसकी शक्ति से बाहर की बात है। ...हिन्दी ही नहीं, सभी भाषाओं की अपनी प्रकृति होती है। उसे कोई व्याकरण क्या, महाव्याकरण भी बदल नहीं सकता।' अगर ऐसा न होता तो हिन्दी भाषा अपने शुरुआती दौर में ही कहीं ठिठकी पड़ी होती। विकसित भाषाएँ परिवर्तनों को पचा लेने का माद्दा रखती हैं। जो ऐसा नहीं कर पातीं वे मृत हो जाती हैं। जैसा कि दुनिया की कई भाषाओं के साथ हुआ।

खैर, बहस का असल मुद्दा तो यह है कि तरह-तरह की हिन्दी क्यों? इस पर सोचना होगा। और इस प्रक्रिया में कथ्य से भाषा और भाषा से व्याकरण के सम्बन्ध को भी बार-बार विचारना होगा। पर साथ ही यह भी सोचना होगा कि क्या हमारा समय कथ्य के संकट से गुजर रहा है? यकीनन ऐसा नहीं है तो फिर यह सवाल क्यों? गोया हिन्दी किसी कुएँ से निकलती आवाज़ हो! हिन्दी तो बहता नीर है। इसकी धार में कई भाषाएँ, कई संस्कृतियाँ और ऐतिहासिक बदलावों के प्रवाह का होना लाज़मी है। यह एक व्यापक भाषा है, इसके लेखक और पाठक समुदाय भी बड़े हैं। कश्मीर से कन्याकुमारी तक।

असल मुद्दे पर आयें तो फिर एक सवाल उठता है कि इस भौतिक संसार में पशु-पक्षी, पेड़-पौधों ने इतने रूप क्यों धरे? आप कहेंगे यह तो विकास है। आप यह भी कहेंगे कि इन सबका मूल उद्गम भी तो एक ही है। यह तो विज्ञान-सिद्ध है कि निर्जीव से ही जीव की सृष्टि हुई है। और इन सभी विभिन्नताओं का बीज रूप एक

ही था। अब आप ही बताइए जब वस्तु-जगत की सारी विभिन्नताएँ विकास क्रम का परिणाम हैं तो फिर भाव जगत् की विभिन्नताएँ भी विकास की ही देन हुईं न।

आज की दुनिया में भाषा, कला, विज्ञान, ज्ञान, धर्म, पहनावा-ओढ़ावा, खान-पान, शास्त्र आदि सभी दिखायी तो अलग-अलग पड़ते हैं, लेकिन उन सबका मूल रूप एक ही था। जैसे-जैसे ज़रूरतें बढ़ीं वैसे-वैसे उन सबके और कई रूप विकसित हुए। यह विभिन्नता भी तो विकास क्रम का ही परिणाम है। वैविध्य विकास की पहली शर्त है। संसार की सभी भाषाओं का भी मूल स्रोत एक ही रहा है। आज उनके विभिन्न रूप, अलग-अलग शब्द भण्डार और भिन्न व्याकरण हैं। एक ही समुदाय विशेष की भाषा भी अभिव्यक्ति और प्रयोगों की भिन्नता के कारण अलग-अलग अर्थ देती है।

हिन्दी ऐसी ही एक भाषा है। आज इसके कई रूप मौजूद हैं और आने वाले समय में समय की माँग पर न जाने और कितने रूप होंगे। ज्यों-ज्यों हम बाहरी दुनिया के अधिक करीब होंगे त्यों-त्यों हमारी आन्तरिक अभिव्यक्ति की ज़रूरतें भी बढ़ेंगी और जाहिर है, अलग-अलग रूप भी लेंगी। लेकिन ज़रूरी नहीं कि इनका शब्द-संसार भी अलग हो। एक ही शब्द अलग-अलग सन्दर्भों या प्रसंगों में प्रयुक्त होने पर भिन्न अर्थ दे सकता है। चाहे विज्ञान हो या कला या फिर साहित्य।

भाषा विज्ञान तो यह भी कहता है कि शब्द की अपनी कोई सत्ता नहीं होती। अर्थ ही शब्द की शक्ति है। शब्द की यह शक्ति उसके अर्थ-विस्तार की माँग करता है। भिन्न सामाजिक स्थितियाँ, अलग-अलग अनुशासनों और विभिन्न माध्यमों में प्रयुक्त होकर ही शब्द भाषा के नये मुहावरे गढ़ सकते हैं। अर्थ की नयी चमक से भर सकते हैं। बार-बार एक ही अर्थ में प्रयुक्त शब्द अपना असर खो देते हैं। यही कारण है कि आज कितने ही शब्द अस्तित्व में नहीं रहे। क्योंकि *'बासन अधिक घिसने से मुलम्मा छूट जाता है'* (अज्ञेय)। अब विज्ञापनों में भी हिन्दी ने क्षेत्रीय भाषाओं के सहयोग से जगह बना ली है। आज हिन्दी कई रूपों में पनप रही है। मीडिया (फ़िल्म, अख़बार, दूरदर्शन) अलग रूप लेकर आयी है। विभिन्न अनुशासनों में (समाज विज्ञान, इतिहास, विज्ञान, कला आदि) अलग भाषिक प्रयुक्तियाँ आ रही हैं। यह इसीलिए कि हमारे भावबोध के विकास के साथ-साथ साहित्य और भाषा भी विकसित होती है। तो फिर हिन्दी के लिए एक मानक कैसे तय किया जा सकता है?

हिन्दी करोड़ों लोगों की ज़ुबान है। इसे कुछ गिने-चुने मानकों पर नहीं कसा जा सकता। अगर ऐसा हुआ तो हिन्दी के साथ-साथ अनेक संस्कृतियाँ, अनेक समाज, अनेक ज़ुबानें गुम हो जाएँगी और बच्चे एक ही जड़ से निकल कर अनेक शाखाओं में विकसित जीवन्त भाषा हिन्दी से महरूम हो जाएँगे। इसका जिम्मेदार कौन हो? हम सब जो हिन्दी पढ़ने-पढ़ाने से जुड़े हैं। यह जिम्मेदारी उठानी ही होगी ताकि देश भर में व्याप्त हिन्दी से बच्चों का सुर मिले। तो फिर बात बने।

शर्म की-सी शर्त नामंजूर

पिछले दिनों आन्ध्र प्रदेश विधानसभा के कुछ सम्मानित सदस्यों के तसलीमा नसरीन पर बर्बरतापूर्वक टूट पड़ने की ख़बर पढ़कर भीतर-भीतर कुछ टूटा। मन ने कहा– *'न टूटे, न टूटे, तिलिस्म सत्ता का मेरे अन्दर एक कायर टूटेगा...टूट, मेरे मन टूट, एक बार सही तरह टूट'* (रघुवीर सहाय)। यह ख़बर आयी तो हाल में घटी तमाम ख़बरों की कड़ी खुद-ब-खुद जुड़ती चली गयी। नासिरा शर्मा को मुसलमान लेखिका और पुरस्कारों को साम्प्रदायिक चश्मे से देखने वाली कहानीकार घोषित करने की कोशिश हुई तब भी बेआवाज़ कुछ टूटा था। बाहर-भीतर हलचल भी हुई, लेकिन सम्पादक की चुप्पी ने हैरान किया।

आँखों के सामने आने वाले बेआवाज़, बेरंग, बेजान और बेदम से समय और समाज को हिला देने वाली तस्वीर घूम गयी। क्या आने वाले समय में स्वतन्त्रता (व्यक्ति और देश दोनों की) बच पाएगी? कला, साहित्य और अपनी ज़मीन के बिना नयी पौध (नयी पीढ़ी) बढ़ पाएगी? क्या शब्दों और रंगों की दुनिया नये सपनों में ढल पाएगी? इन सवालात की हवालात में क़ैद दिलोदिमाग़ की बेचैनी एक हिमाकत करना चाहती है। बुद्धिजीवियों के सामने उन्हीं की भूमिका पर सवाल उठाना हिमाकत की बात है, पर यह हिमाकत मैं करना चाहूँगी।

बहुत पहले किसी अख़बार में मशहूर अंग्रेज़ी नाटककार ऑर्थर मिलर (जो मर्लिन मुनरो के पति के नाम से अधिक जाने जाते हैं) का एक वक्तव्य प्रकाशित हुआ था कि अमेरिकी राष्ट्रपति केनेडी ने एक शाम बुद्धिजीवियों की एक बैठक बुलायी, जिसमें लच्छेदार साहित्यिक भाषा में साहित्य और कला के विविध रंग-रूप पर बातचीत होती रही। सुबह के अख़बार में ख़बर थी कि 'अमेरिकी बेड़ा क्यूबा की ओर रवाना हुआ, जो रास्ते में रूसी बेड़े को रोकने का प्रयास करेगा।' यह ख़बर पढ़कर मिलर चौंक पड़े, न सिर्फ़ इसलिए कि इससे तृतीय विश्वयुद्ध के ख़तरे बढ़ सकते थे, बल्कि इसलिए कि चन्द घण्टों पहले केनेडी से हुई तमाम बातों के बीच यह बात कहीं नहीं थी।

यह प्रश्न अकेले अमेरिकावासी ऑर्थर मिलर के नहीं, पूरे विश्व के बुद्धिजीवियों के वजूद का है। देश के निर्माण में उनकी अहम भूमिका का है। मिलर इसलिए

चौंके कि उनकी राय, उनके शब्द देश के निर्माण में ग़ैरज़रूरी थे, लेकिन आज के समय में बुद्धिजीवी इसलिए परेशान हाल हैं कि उनकी अभिव्यक्ति का वजूद कुछ ग़ैरज़रूरी संगठनों को बेवजूद कर सकता है।

इधर कुछ वर्षों से हमारे देश में संस्कृति की रक्षा के नाम पर साहित्य, कला और फ़िल्म सम्बन्धी चर्चाएँ अदालतों में पहुँच चुकी हैं। राजनीति का हिस्सा बन गयी हैं। साहित्य और कलात्मक अभिव्यक्तियाँ या मुद्दे अपराधी को कठघरे में खड़ा करती हैं। चित्रकार मक़बूल फ़िदा हुसेन के चित्रों का मामला हो, चन्द्रकान्त झा की कलाकृतियों को तोड़ने-फोड़ने का मामला हो, 'वाटर' जैसी फ़िल्मों को रोकने का वाकया हो, नामवर सिंह का पन्त सम्बन्धी बयान हो। इत्तफ़ाक से मैं उस पूरी संगोष्ठी में मौजूद थी। बात सिर्फ़ इतनी थी कि बड़े से बड़े कवि, लेखक, समीक्षक का अगर समग्र मूल्यांकन किया जाए तो उनका सारा का सारा साहित्य श्रेष्ठता की कसौटी पर खरा नहीं उतरेगा। इसी सन्दर्भ में पन्त के साहित्य के तीन चौथाई का उल्लेख हुआ। निश्चय ही प्रयुक्त शब्द 'कूड़ा' उचित नहीं था, लेकिन उनके एक चौथाई साहित्य को श्रेष्ठ भी कहा गया। साहित्य में लक्षणा और व्यंजना का बड़ा महत्त्व है। इससे अनजान मीडिया 'कूड़ा' बेचने में सफल रहा। मज़े की बात यह है कि हमारे बुद्धिजीवियों को भी यह कूड़ा बहुत भाया।

ये बातें लगभग हर रोज़ अख़बारों में किसी न किसी रूप में आती रही हैं। मैं इन बातों को दोबारा इसलिए उठा रही हूँ कि इन सारे मामलों को अल्पसंख्यकों के अस्तित्व और सम्मान से जोड़कर देखने की ज़रूरत है। तसलीमा नसरीन और मक़बूल फ़िदा हुसेन अल्पसंख्यक हैं, इसलिए नहीं कि ये मुसलमान हैं, बल्कि इसलिए कि ये कलाकार हैं। मेरी नज़र में ये सभी नाम व्यावहारिक रूप से अल्पसंख्यक ही हैं, एक ही जाति के हैं, जिसे कला और साहित्य कहते हैं। हमारे देश में कला और साहित्य की बात करने वाले अल्पसंख्यक ही तो हैं!

नासिरा के साथ 'शर्मा' का होना उन्हें इस वर्ग का अल्पसंख्यक कहे जाने के लिए काफी है। अब रही बात पन्त सम्बन्धी नामवर सिंह के वक्तव्य की तो जरा दिलो-दिमाग़ की भीतरी तहों में झाँक कर देखें और सोचें कि आज के हाइटेक ज़माने में साहित्य की बात करना अल्पसंख्यकों की बात हुई न! और कुछ आप न भी मानें तो यह तो मानेंगे कि स्वतन्त्र अभिव्यक्ति करने का माद्दा रखने वाले आज के समाज में अल्पसंख्यक ही तो हैं! यह है कि बुद्धिजीवियों ने अभिव्यक्ति की स्वतन्त्रता के लिए अपनी कलम उठा ली है, लेकिन बहुत से अब भी तमाशाई बने खड़े हैं।

इसीलिए आज वर्षों पहले पढ़ा मिलर का वह वक्तव्य मुझे एक बार फिर बेचैन कर रहा है। क्या केनेडी जैसे सत्ताधारियों को कभी यह विश्वास कर सकने का अवसर नहीं आएगा कि देश के हर मोड़ पर होने वाले फैसले का रास्ता बुद्धिजीवियों की कलम से बेखबर नहीं हो सकता। सवाल जब देश के अल्पसंख्यकों

के वजूद का हो तो कलम हथियार बन सकती है। भविष्य की ओर कदम बढ़ाती अगली पीढ़ी को यह विश्वास दिलाना ही होगा कि शब्दों की दुनिया किताबी मुहावरों या नारों से नहीं बनती, उसमें संघर्ष की आँच का होना ज़रूरी है। यह आँच तसलीमा के आने वाले उपन्यास में कैसी होगी नहीं मालूम, लेकिन इधर उनके बयानों की तपिश आप तक पहुँची होगी कि वे हमलावरों की कारस्तानियों और कट्टरपन्थियों के फतवों से आज भी अविचलित हैं, क्योंकि *'नामंजूर/उसकी ज़िन्दगी की शर्म की-सी शर्त/नामंजूर।'*

सुबह का इन्तज़ार

अख़बार में ख़बर है कि दिल्ली के सरकारी स्कूल के बच्चों ने वह कर दिखाया जो बड़े-बड़े हाकिम नहीं कर पाते। सूचना के अधिकार सम्बन्धी जानकारी के प्रयोग ने स्कूल की तस्वीर बदल दी। क्या उनकी इस पहल को नयी शिक्षा की पहल के रूप में देखा जाना चाहिए! फ़िल्म 'तारे ज़मीन पर' से बच्चों, बड़ों सबमें एक सुगबुगाहट हुई है—यहाँ तक कि प्रशासन में भी। तो क्या इसे बच्चों की शिक्षा में एक पहल की तरह नहीं देखा जाना चाहिए? ज़रूर चाहिए। पर यह मात्र पहल बनकर न रह जाए—यह सोचना उतना ही ज़रूरी है जितना स्वतन्त्रता मिलने के बाद उसे बचाये रखने के बारे में सोचना था।

इसके साथ ही इसी वर्ष के पहले सप्ताह में एक बार फिर शिक्षा के प्रांगण में गोलियाँ चलीं। विश्वभारती, शान्तिनिकेतन में विद्यार्थियों ने एक-दूसरे पर गोलियाँ चलायीं। गुड़गाँव के बाद अब मध्यप्रदेश के स्कूल में एक बच्चे ने गोली चलायी। थोड़ा और पीछे जाइए, एक तरफ़ वे ख़बरें हैं जहाँ रचनाकार-कलाकार नज़रबन्द, तसलीमा की कलम नज़रबन्द। सीमाबन्द हुसेन (देश की सीमा चित्रकार एम.एफ. हुसेन के लिए बन्द)। दूसरी तरफ़ वह ख़बर जहाँ बच्चे हैं। हाथों में पिस्तौल। आँखों में सवाल। दुनिया के सामने एक बवाल। सोचिए तो, चौंका देने वाली इन ख़बरों में क्या कोई सम्बन्ध है?

परेशानी यह है कि मैं इन ख़बरों को अलग करके नहीं देख पाती। इन ख़बरों में मुझे कार्य-कारण का सम्बन्ध दिखायी पड़ता है। लेकिन यह क्रिया की प्रतिक्रिया नहीं, एक घाव है जो नासूर बन सकता है। परिणाम यह कि धीरे-धीरे केवल रचनात्मकता नहीं, बल्कि विश्व-शान्ति ख़तरे में है, क्योंकि ये खबरें पढ़ने-पढ़ाने की दुनिया से आ रही हैं। कहाँ से आयी यह आग? कैसे रच गयी गोलियों की भाषा? क्या हुआ कि मासूम हाथ गुनाह कर बैठे? तहकीकात ज़रूरी है।

आइए आगे बढ़िए, बच्चे प्रतीक्षा में हैं। आगे बड़े-बड़े बगीचों के छोटे-छोटे रंग-बिरंगे फूल आपको रोकेंगे, पर अभी मत रुकिए, क्योंकि पार्क में लगे बोर्ड की हिदायत पर कहीं ठिठके खड़े हैं बच्चों के नन्हे कदम। थोड़ा और आगे आइए, यह प्रार्थना सभा है, जहाँ लटकी हैं बड़ी-बड़ी तस्वीरें। ये तस्वीरें आपको याद दिलाएँगी

उन सपनों की जिनकी तलाश में आप यहाँ आये हैं। मेरी आपसे गुज़ारिश है कि उनमें खो न जाएँ, क्योंकि बच्चों के सपने कहीं सहमे खड़े हैं। हॉल के भीतर आइए जहाँ साथ-साथ कतारबद्ध बेसाथ से बच्चे गा रहे हैं कोरस– *'हमको मन की शक्ति देना, मन विजय करें।'* निश्चिन्त न हो जाएँ आप, क्योंकि बच्चों की शक्ति कहीं गिरवी पड़ी है। और भीतर बड़े-बड़े शीशाबन्द कमरों में खुली किताबें जिनमें रेंगते हैं शब्द, जिन्हें हर बच्चा अपनी तरह से पकड़ना चाहता है। उलट-पुलट कर खेलना चाहता है और अपनी जानी-पहचानी दुनिया में शामिल करना चाहता है। एक साथी की तरह। रिश्ता बनाना चाहता है वह न केवल किताब से, बल्कि किताब थामे हाथों से भी। मन में बहुत से सवाल हैं, जिन्हें खोलकर रख देना चाहता है वह बन्द खिड़कियों के इस कमरे में। लेकिन आप तो कमरे के बाहर दीवार पर लगे चित्रों में खो गये, जिनमें बच्चों ने बनाये हैं–बहती नदी, बोलते पेड़, उड़ती चिड़िया। थोड़ा ठहर कर इन्हें देखिए ज़रूर, लेकिन ज़्यादा देर न रुकें यहाँ, क्योंकि कमरे के अन्दर बच्चों की अनकही आवाज़ है, सपने हैं, बन्द खिड़कियों के भीतर निःशब्द खड़े हैं बच्चे। उनके शब्द चीख में बदल रहे हैं, खिड़कियों को खोलते, पहाड़ों पर चढ़ते, जंगल को चीरती हुई पहुँच रही है उनकी आवाज़ दूर तक। जैसे फूल के खिलते ही पहुँच जाती है सुगन्ध दूर तक। पर किलेबन्दी नहीं टूटती, खिड़कियाँ नहीं खुलतीं। प्रवेश कर सकें तो करिए, चुपके से बच्चों के भीतर जो गढ़ रहे हैं नया शब्दकोश, जहाँ गोलियाँ हैं, सलाखें हैं और है अँधेरा। घुस सकें तो चीर कर घुस जाइए इस अँधेरे को, पर यहाँ आपको रुकना होगा देर तक, तब तक, जब तक अँधेरा है, सुबह होने तक। क्योंकि बच्चे भूलने लगे हैं शब्दों की सही जगह। इसीलिए जब बच्चों की ओर से सकारात्मक पहल की ख़बर मिली तो मुझे लगा बच्चे अब दुनिया को पढ़े हुए शब्दों की प्रयोगशाला की तरह देखने लगे हैं। क्योंकि यह घटना एक पाठ्यपुस्तक में पढ़ी सूचना का प्रयोग था। ज्ञान रचने की दिशा में एक पहल। लेकिन इस खुशनुमा सुबह में क्यों याद आ रहे हैं फ़ैज़ और उनकी नज्म 'सुबहे आज़ादी'– *'ये दाग दाग उजाला, ये शब गजीदा सहर/वो इन्तजार था जिसका, ये वो सहर तो नहीं/चले-चलो कि वो मंजिल अभी नहीं आयी।'* शायद इसलिए कि अब भी बच्चों के कदम कहीं भटके खड़े हैं। कलम और कूची कहीं रोके रुके हैं?

तो क्या हम कर सकते हैं एक ऐसी खूबसूरत सुबह की प्रतीक्षा जहाँ तसलीमा की कलम रच रही हो एक नया अफ़साना, जिसके हर लफ़्ज़ बदलने में लगे होंगे आग को रोशनी में। हुसेन की कूची कहीं दूर देश में ढूँढ़ रही होगी रंग सुबहे हिन्दुस्तान की। यादों का कोई घोड़ा लगाम तोड़ दे रहा होगा रंग-कूची का। कूची, कैनवास और घोड़ा सब मिल कर रँग रहे होंगे उस खूबसूरत सुबह को जो अभी आना बाकी है।

सावन की सुनगुन

सावन बरस रहा है। हरियाली चमक रही है। जम्मू, बेंगलुरु और अहमदाबाद में हुए बम धमाकों से दहला दिल भी भीगा। बारिश की लड़ियों के साथ आँखें भी बरसीं। मन हारा, हताश हुआ। पर ख़बरों में यह ख़बर थी कि अहमदाबाद की सड़कों पर फिर दौड़ी ज़िन्दगी तो दिल ने कहा, *'अब दिन बदले, घड़ियाँ बदलीं/साजन आये, सावन आया/अब और हार नहीं, हताशा नहीं, दिल बदले/फिर-फिर जीवन का उल्लास।'*

मुझे याद आ रहा है उल्लास का दूसरा नाम बनारस शहर और वहाँ संकट मोचन मन्दिर में हुआ धमाका और फिर आतंकियों को चुनौती देती लौटी चहल-पहल। याद आया वहाँ का मानस मन्दिर और सावन मेला। मिर्जापुर, बनारस, जौनपुर के गाँवों की भीड़। यह भीड़ और काँवरियों और मेलों के जाम में फँसे शहरातियों की चिढ़। गाँवों से उमड़ी भीड़ में वे लोग हैं जो अच्छी वर्षा देख खेतों की बुआई और धान की रोपाई कर आये हैं। और जो नहीं कर पाये हैं, वे भी कुछ समय चुरा कर चले आये हैं मेले में। बनारस में हर ऋतु के पहले दिन की आहट को भी आप सुन सकते हैं। दुनिया का सबसे पुराना शहर, बहुत-सी संस्कृतियों को सँजोए पर इतना नया कि आज में कल की कोई मिलावट नहीं। आज को आज में जीते बेपरवाह ऐसे लोग मैंने कहीं और नहीं देखे। *'चाह गयी चिन्ता गयी/मनवा बेपरवाह।'*

कहीं 'बन्दिनी' फ़िल्म का मशहूर गीत बज रहा है– *'अबके बरस भेज भैया को बाबुल, सावन में लीज्यो बुलाय रे'* आँखों के सामने पूरा दृश्य घूम गया। जेल में चक्की पीसती नायिका। घर जाने की छटपटाहट, आज़ादी की चाह का गीत गुनगुनाती। अमीर खुसरो ने भी सावन पर कुछ ऐसा ही कहा था– *'अम्मा मेरे बाबा को भेजो जी कि सावन आया/बेटी तेरा बाबा तो बूढ़ा री कि सावन आया...'*

माँ-बेटी के बीच का यह संवाद सावन के बहाने किस विवशता की तस्वीर खींच रहा है? 'बन्दिनी' की नायिका की आज़ादी की आकांक्षा, हर बेटी के बाबुल के घर जाने की इस आकांक्षा के पीछे क्या है? यह वही बेटी तो है जो अमीर खुसरो के यहाँ यह भी कहती है– *'जिस सावन में पिया घर नाहीं/आग लगे उस सावन को।'* वही बेटियाँ बचपन को याद कर रही हैं, अपनी सखियों से मिलने को

उतावली हैं, बगीचे में झूले डाल ऊँची-ऊँची पींग बढ़ाना चाहती हैं (मन में हौसला यह कि आसमान छू लें)।

बहुत कुछ भरा-भरा और कुछ हरा-हरा भी है—सावन में एक साथ मन्दिरों के घण्टों की आवाज़ के बाद मस्जिद की अजान में रचा-बसा बनारस। समय चाहे जो भी हो, हर पल में जागता बनारस, अस्सी की लस्सी, चौक मदनपुरा और पीलीकोठी में एक ही सुर-लय में झूमता बनारस—गंगा दुआरे नौबत बाजे।

याद आता है बचपन का सावन, खूब भरा-भरा मन। गाँव में घर के दरवाज़े पर बहती नदी। सावन में बाढ़ की स्थिति। उस पार जाने के लिए बने बाँस के पुल को छूता उसका पानी। दौड़ कर पार करती मैं और मेरी सखियाँ। ऐसे किसी पुल पर चलते पाँव आज रुक क्यों जाते हैं? यह कैसा भय? कहाँ से आया? शायद महानगरीय सुविधाओं के खिंचाव और अपनी ज़मीन से जुड़ाव के द्वन्द्व से निकला भय है यह।

अब कई सालों से दिल्ली के सावन की सुनगुन। यहाँ कई बार सावन बीत गया, मगर उसके आने की कोई आहट नहीं। वो तो भला हो 'रक्षाबन्धन' का जो सावन की पूर्णिमा को 'भूलने' नहीं देता। एक ही पल में दिल्ली की वीआईपी सड़कें भी जाम की गिरफ्त में आ जाती हैं। मिठाइयों में मिलावट का व्यापार शुरू हो जाता है। मीडिया वालों का खुफिया कैमरा घात लगाये बैठा है कि जाने किस घड़ी किस मिठाईवाले की गरदन फ्लैश हो जाए। बन गयी पूरे दिन की ख़बर। अब तो दिल्ली में भी काँवरियों की कतार ट्रैफिक के जाम से कम लम्बी नहीं दिखती। भौगोलिक दूरियों को लाँघते और मन की दूरियों को पाटते इन काँवरियों को खाना और पानी देते वे लोग जो जाति और धर्म की दूरियों की ओर झाँकते भी नहीं। टीवी पर यह दृश्य कई बार फ्लैश हुआ कि मुसलमान और सिख—सभी इन्हें खाना और पानी देने में जुटे हुए हैं। और गुजरात दंगे में खो गये उस बच्चे की ख़बर भी तो आपने सुनी ही होगी जो जन्म से तो मुसलमान था, पर दंगे में बिछड़े इस बच्चे को पाला एक हिन्दू परिवार ने। अब उसके जन्मदाता भी मिल चुके हैं पर बच्चा अपनी हिन्दू माँ को छोड़ना नहीं चाहता। भला इन्हें कोई धमाका क्या तोड़ेगा!

सड़कों पर बरसाती पानी इकट्ठा है। बच्चे काग़ज़ की नाव चला रहे हैं। मन ने कहा— *'ले चल मुझे भुलावा देकर/मेरे नाविक धीरे-धीरे।'*

संवाद का रिश्ता

टेलीविज़न पर खबर थी कि नवयुवक ने अपने हाथों से ही अपने सिर में कील ठोंक लिया। अस्पताल में बिस्तर पर बैठा वह शख़्स खुद चलकर वहाँ आया था। उस वक़्त टीवी के पर्दे पर उसका चेहरा दिखाया जा रहा था और आवाज़ बार-बार गूँज रही थी—'मुझे ऊपर जाना है। मैं मरना चाहता हूँ...।' उसके घर वालों और आस-पड़ोस के लोगों का कहना है कि खुद को मारने का प्रयास उसने पहले भी कई बार किया। मगर हर बार बच गया। क्यों मरना चाहता था वह? 2006 में मेरठ के एक मेले में लगी भयानक आग में कई लोग मारे गये थे। यह हादसा उस शख़्स ने देखा था। फिर उसके दिल-दिमाग़ का तार इस तरह टूटा कि अपने आप को इस दुनिया से दूर कर लेने की उसकी जद्दोज़हद लगातार चलती रही।

उसी दिन की एक और ख़बर। आन्ध्र प्रदेश में एक व्यक्ति अपनी पत्नी को मार कर तीन दिन तक उसके शव के पास बैठा लगातार शराब पीता रहा। बदबू फैली और ख़बर भी। पकड़ा गया। उसके बाद क्या हुआ पता नहीं। पर इन दोनों ख़बरों को देख मेरे भीतर एक बहस छिड़ी हुई है। दिमाग़ कहता है कि हिंसा किसी भी हाल में अच्छी नहीं है—चाहे कोई खुद को मारे या सामने वाले को। यह कैसा समय आ गया है। दिल कहता है—इन दोनों के विवेक का तार कुछ ऐसा टूटा कि एक ने खुद को मारने की कोशिश की तो दूसरे ने अपने सबसे करीबी को ही मार डाला।

ऐसी खबरें लगभग रोजाना की हक़ीक़त हैं, पर 'काश पूछो ये मुद्दआ क्या है...।' मनोवैज्ञानिक क्या कहते हैं, मुझे नहीं पता। पर मुझे लगता है यह सारा मामला संवाद टूटने का है। संवाद टूटा, सब कुछ तहस-नहस। लेखक, संगीतकार, पत्रकार या कोई भी कलाकार भीतर (खुद से) और बाहर (समाज से) संवाद स्थापित किये बिना अपने फन से भी महरूम ही रहेगा। बेगम अख़्तर के बारे में यह कहा जाता है कि वह आवाज़ की मल्लिका तो थीं ही। उनकी सबसे बड़ी विशेषता यह थी कि वे समय की धड़कन पहचान कर गीत चुनती थीं। एक बार पाकिस्तान में कोई कार्यक्रम दे रही थीं। उन दिनों भारत और पाकिस्तान के बीच युद्ध का मुद्दा बहुत गरम था। उन्होंने गाना चुना—*'आजा बलमू हमरे द्वारे सगरी झगरा खतम होइ जइहैं।'* कार्यक्रम खूब सफल रहा। इसका असर दोनों देशों की सरकारों पर भी हुआ।

सारा मुद्दा यह है कि यह संवाद हो कैसे? क्या घर के साथ-साथ स्कूल इसमें कुछ पहल कर सकते हैं? ताकि शुरुआत से ही बच्चे एक-दूसरे से संवाद का रिश्ता बनाएँ। आप कहेंगे 'कम्युनिकेशन स्किल।' पर स्कूल पहले से ही बहुत अच्छे सवाल हल कराता रहा है बच्चों से और बच्चे भी बहुत जल्दी सीख जाते हैं कि बड़ों से बात करते समय किन सम्बोधनों, संज्ञाओं और विशेषणों को बोलना है। छोटों के लिए कैसे सम्बोधन या शब्द प्रयोग करने हैं। बधाई और शोक सन्देश असरदार कैसे बनाएँ।

ज़रा सोचिए, बच्चे एक-दूसरे की कद्र करें, यह तो हमने बताया। पर क्या यह भी बताया कि क्यों करें ऐसा? या यों कहिए कैसे हो यह सब? कह देने मात्र से हो जाता है? स्कूल ने बच्चों में आपसी हेलमेल के अवसर दिये क्या? एक-दूसरे के बारे में जानने की सूरत बनी? अपनी और साथियों की भाषा में हेलमेल हुआ? क्या बच्चों की भाषा से अध्यापक की भाषा का संवाद हुआ? साथियों के साथ मिल-बैठ बड़े-छोटों के लिए अपनी तरह से सम्बोधन चुनने की आज़ादी मिली? अगर नहीं तो ज़रा सोचिए। नयनों का नयनों से, दिल का दिमाग़ से, हमारा आप से कैसे हो गोपन सम्भाषण? कहाँ से बने विचार? रोज़ नये-नये तरीके से हिंसा। अब वह चाहे खुद को मारे या दूसरों को। मरता तो इंसान (इंसानियत भी) ही है। पर हम क्योंकर हों पुरसाने हाल?

अगर इस पर बहस छिड़े तो हर ओर नये-नये वाद खड़े हो जाएँगे और विवादी स्वर उचक-उचककर झाँकेंगे। स्थिति यह है कि वाद है, विवाद है, संवाद नदारद है। तीनों में तालमेल न होने का नतीजा आपके सामने है। इसीलिए मुझे लगता है हमारे समाज की सबसे बड़ी ज़रूरतों में से एक है संवाद की स्थिति को बनाये रखना, हर हाल में।

गुफ़्तगू बन्द न हो

इन दिनों मेरी आँखों में पिछले साल 26 नवम्बर से लगातार परोसी जा रही टेलीविज़न की ख़बरें हैं। कानों में चीखें हैं उन लोगों की, जिनके अपने मारे गये। उन लोगों की भी जो गुस्से में हैं, बौखलाये हुए हैं। और सबसे ज़्यादा उन लोगों की, चीखें जिनका स्थायी भाव बन चुकी हैं। भड़काऊ बयानों को दिखाते मीडियाकर्मियों की संवेदना से शून्य आवाज़। इसके साथ-साथ अख़बारों में बहुत-सी रोंगटे खड़ी कर देने वाली तस्वीरें हैं। उन्हीं में चीखती, बिलखती दो साल की इजराइली बच्ची की दिल दहला देने वाली तस्वीर भी, जो मुम्बई के नरीमन हाउस मुठभेड़ में अपने माता-पिता को खो चुकी है। इन्हीं दृश्यों के भीतर कहीं इन भयावह मंजर के साक्षी हम सब भी, जो अब चुप नहीं हैं।

जब मैं यह लिख रही हूँ तो केवल इसलिए नहीं कि आज के असुरक्षित माहौल से चिन्तित हूँ या घबरा गयी हूँ। मेरी चिन्ता का कारण तो वह आवाज़ है जो इन सबके भीतर से छन कर आ रही है, कुछ तेज़ होती हुई। वह आवाज़, जिसका अंजाम बेहद ख़तरनाक हो सकता है। अगर आप सुन सकें तो सुनें उसे, क्योंकि भारतीय इतिहास के सबसे भयावह समय की अनुगूँज है 26 नवम्बर में।

जब मैं यह कह रही हूँ तो एक ओर मेरे सामने बहुत से चैनलों पर दिखायी देने वाली ख़बरें हैं। और कुछ तथाकथित जिम्मेदार लोगों के बयान हैं जो लगातार युद्ध को आमन्त्रण दे रहे हैं। दूसरी ओर वे आतंकी हैं जिन्हें होश सँभालते ही शब्द नहीं, शस्त्र मिले। संवाद के सारे रास्ते बन्द कर घर-परिवार से, फिर पूरी दुनिया से अलग कर दिये गये उन युवा होते किशोरों की पढ़ाई जिन स्कूलों में होती है, वहाँ जेहाद और शस्त्र—सिर्फ़ दो ही शब्द हैं। उन्माद दोनों ओर है। सवाल यह है कि इन दोनों उन्मादों से बचने का कोई रास्ता है? अली सरदार जाफ़री का एक शे'र याद आ रहा है—*गुफ़्तगू बन्द न हो/बात से बात चले।* ऐसे अनिश्चित समय में यह शे'र मुझे हौसला देता है, क्योंकि इन शब्दों में जादू है। थोड़ी देर के लिए मेरे साथ चलिए शब्दों के सृजन-संसार के प्रवेश-द्वार पर। वाराणसी में एक गोष्ठी के दौरान कृष्ण कुमार के कहे शब्द मुझे बेतरह याद आ रहे हैं—जब शब्द नहीं रहते, तब शस्त्र उठते हैं।

मुझे नहीं मालूम कि इस वाक्य की आज के माहौल में कौन-सी व्याख्या होगी, क्योंकि आज लोगों को एकमात्र जो रास्ता दिखायी पड़ता है वह हिंसा से होकर जाता है। पर मेरे लिए यह रचना भाषा शिक्षा की दुनिया का सबसे रचनात्मक भाषा-शिक्षण का आधार बिन्दु है। भाषा शिक्षा की तमाम भूमिकाओं में सबसे अहम। इसीलिए मुझे लगता है कि अहिंसक समाज को रचने में भाषा की पढ़ाई को बार-बार विचारना होगा। कबीर समय के जिस चौराहे पर खड़े थे, वहाँ से कई-कई राहें निकलती थीं और उन्होंने जो रास्ता चुना वह भाषा से होकर जाता था। समाज से संवाद बनाने में मुझे इस समय उन जैसा दूसरा कोई नहीं दीखता। आज हम जहाँ खड़े हैं वहाँ भी तमाम अन्तर्विरोध हैं और हमारे सामने इनसे जूझने की चुनौतियाँ हैं।

जाहिर है, इससे निपटने के लिए हमें भी कबीर की तरह एक नयी भाषा की दरकार होगी। इसलिए कबीर को याद करते हुए मेरा विश्वास और पक्का होता जा रहा है कि आज के तकनीकी माहौल में ठिठकी हुई-सी भाषा को शिक्षा का कमाण्डर बनना होगा। भाषा के अध्यापक को सिपाही की तरह तैनात रह कर बच्चों को लैस करना होगा। इस तरह कि चूक न जाए उनकी भाषा शस्त्रों के सामने। इस संवेदनशील समय में बच्चों में भाषा को संवेदनशीलता से बरतने की तमीज पैदा करनी होगी।

मेरे सामने एकमात्र यही रास्ता है हिंस्र बयानों का सामना करने का। इसलिए करोड़ों बच्चों के अध्यापक, सुनें और सोचें कि सब कुछ भाषा है। अब तक आपने कक्षा में पढ़ाये होंगे कई-कई बार विलोम। दिखायी होंगी अपने बच्चों को व्याकरण की भारी-भारी पोथियाँ, जिनमें लिखा होगा दुनिया का सबसे अमानवीय भाषा का उदाहरण—स्त्री का विलोम पुरुष। सोचिए क्यों? साथियो! मुझे नहीं मालूम और व्याकरण किन नियमों से तय करते हैं विलोम। पर अब दुनिया के सबसे रचनात्मक भाषा और व्याकरण की किताब की शुरुआत करनी होगी यहाँ से—जब शब्द नहीं रहते, तब शस्त्र उठते हैं।

प्रकृति का समाजवाद

जब छोटी थी, मन में हज़ारों सवाल ऐसे उठते थे जिनका मेरे पास कोई जवाब नहीं होता था। पर बड़ी होने पर कभी-कभी अचानक वही कुछ सवाल जवाब बन कर टकरा जाते हैं। ऐसा ही एक सवाल इधर एक दिन अचानक जवाब बन कर टकराया।

इधर बहुत साल बाद बनारस के दशाश्वमेध घाट की आरती देखने का अवसर मिला। सूरज धीरे-धीरे अस्त हो रहा था। शाम का समय था। घाट पर खासी भीड़ थी। एक ओर बुर्का पहने लड़कियाँ थीं तो दूसरी ओर बहुत सारे विदेशी जोड़े। दक्षिण भारत के कुछ आस्थावान लोग पुजारियों के चंगुल में थे। हालाँकि पुजारियों का ध्यान विदेशियों पर अधिक था। मैं दिल्ली से साथ गयी अपनी एक मित्र को वहाँ की आरती दिखाने गयी थी। हम उतावले हो रहे थे, पर पुजारी गंगा की आरती से पहले भक्तों की आरती करने में लगे थे। पूजा की प्रक्रिया में अनेक दीप गंगा में प्रवाहित हो रहे थे। नदी का पूरा किनारा दीपों की जगमगाती रोशनी से भर गया था। दूर से अस्सी घाट पर बाँसों में रखे जलते दीये कतारबद्ध धीरे-धीरे आगे बढ़ रहे थे। कहीं-कहीं आकाशदीप भी जलते दीख रहे थे। भक्तगण नदी में फूल, दीये, रोली अक्षत के साथ-साथ पैसे भी फेंक रहे थे। पर्यावरण के प्रति सचेत मेरा मन यह सोचने लगा कि आस्था के नाम पर नदी को गन्दा करना कहाँ तक उचित है? लोगों को कब समझ आएगी?

याद आया, बचपन में हम भी तो ऐसा करते थे। जब हमारी ट्रेन नदी के ऊपर बने पुल से गुजरती थी, तो हमारे छोटे-छोटे हाथ नदी में पैसे फेंकने को बेचैन हो जाते थे। शायद इया (दादी) को या फिर ट्रेन के और लोगों को ऐसा करते देख हम भी करने लगे। जो हो, मुझे यह अच्छा लगता था। धीरे-धीरे इस सवाल के साथ बड़े हुए कि गंगा इतने पैसों का क्या करती होगी?

निर्मल वर्मा ने भी 'मेरे लिए भारतीय होने का अर्थ' नामक निबन्ध में ऐसी एक घटना का ज़िक्र किया है—'मैं माँ के साथ ट्रेन में बैठ कर जा रहा था। कहाँ जा रहा था, कुछ याद नहीं, सिर्फ़ इतना याद है कि मैं सो रहा था, अचानक मुझे धड़धड़ाती-सी आवाज़ सुनाई दी, हमारी ट्रेन पुल पर से गुज़र रही थी। माँ ने जल्दी से मेरे हाथ में कुछ पैसे रखे और कहा कि मैं उन्हें नीचे फेंक दूँ। ...यह मेरे लिए

अपने देश भारत की पहली छवि थी, जो स्मृति में टँगी रह गयी।'

मेरे मन में भी बचपन में इस तरह पैसे फेंकने का वह दृश्य अब तक टँगा है। पर सवाल बन कर। मैं बनारस में कुछ वर्षों तक रही हूँ और वहाँ के लोगों को ऐसे बहुत से काम करते देखती रही हूँ जिनके पीछे कोई तर्क नहीं होता, बस आस्था है। वह चाहे व्यक्ति के प्रति हो या ईश्वर/अल्लाह के प्रति। इधर बड़ी तेज़ी से जब गंगा की सफाई का अभियान शुरू हुआ तो मेरे मन में बचपन का दबा सवाल फिर उठा। आखिर गंगा के इन पैसों का क्या होता होगा? अब तक तो करोड़ों हो गये होंगे? ऐसे बहुत से सवाल...।

अब तक घाट पर आरती की तैयारियाँ पूरी हो चुकी थीं। पाँच पण्डित बालक भिन्न-भिन्न भाव-भंगिमाओं में एक के बाद एक विधि-विधान में लगे हुए थे। हम बेचैन हो रहे थे, पर वहाँ बैठे लोगों में ज़रा भी व्यग्रता नहीं थी। ऐसा लग रहा था जैसे वे सारे काम निपटा कर बस इसी की प्रतीक्षा में थे। लोगों में थोड़ी हड़बड़ी तब दिखी जब हज़ार-हज़ार आरती के दीपों को जलाने की बारी आयी। सब चाहते थे कि कम से कम एक दीया तो वे अपने हाथों से जला लें। हज़ारों दीये जल उठे। तभी अचानक आठ-दस साल के नंगधड़ंग बच्चे हाथों में कुछ बड़ी-सी रस्सी में बँधी यन्त्रनुमा किसी चीज़ को लिए बड़ी तेज़ी से आये और पानी में रस्सी डाल कर जहाँ-तहाँ खड़े हो गये। थोड़ी देर तक हमें समझ में नहीं आया कि ये क्या कर रहे हैं। पर जल्दी ही बात साफ हो गयी। पानी में फेंके गये सिक्कों को हासिल करने का यह देशी और अद्भुत तरीका था, जो उन्होंने खुद ईजाद किया था।

इस पूरी घटना को आप क्या कहेंगे? मुझे नहीं मालूम। पर मुझे लगा गंगा ने चुपचाप सहमति दे दी थी प्रकृति के इस फैसले को—'तेरा तुझको सौंपता'। यह सब देख कर मेरे मन में सहसा बचपन से दुबके बैठे सवाल को जैसे जवाब मिल गया। यह प्रकृति का समाजवाद था।

कोई पास कोई फेल

इन दिनों बच्चे परीक्षा नतीजों का बेसब्री से इन्तज़ार कर रहे हैं—धड़कते दिल से। कुछ बच्चे प्रतियोगी परीक्षाओं की तैयारी में मशगूल हैं। थोड़े ही दिनों बाद बहुत से बच्चों के सूटेड-बूटेड साहब बनने के सपने सच होते-से दिखायी देंगे, तो कुछ 'फेल' का प्रमाण-पत्र लिए पढ़ने-पढ़ाने की दुनिया से बाहर कर दिये जाएँगे। वे आगे का रास्ता तय करने में असमर्थ करार दिये जाएँगे; हमेशा के लिए फेल, नाकाम, हारा हुआ जैसे शब्दों तले रौंदे जाएँगे। यह सवाल मेरे भीतर उथल-पुथल मचाये हुए है। खासतौर से इसलिए कि इधर एक चौंका देने वाला अनुभव हुआ।

शिक्षक-प्रशिक्षण या अन्य कार्यक्रमों में भी अध्यापकों से कुछ बार सीधे उनके अनुभव सुनने को मिले हैं। इस बार जो बात हुई उसने पढ़ने-पढ़ाने की दुनिया की सबसे भयावह तस्वीर खड़ी की। ऐसा नहीं है कि इससे पहले इस तरह की बातें नहीं हुईं या ऐसे सवाल नहीं उठे। उठे, पर इस तरह कभी नहीं। राष्ट्रीय पाठ्यचर्या की सिफ़ारिशों में एक महत्त्वपूर्ण सिफ़ारिश यह भी है कि कम से कम शुरुआती दौर के बच्चों को पास और फेल जैसे शब्दों से न नवाजा जाए। यह बात कक्षा पाँच तक तो लागू हो गयी, और आगे की कक्षाओं पर भी लागू किये जाने की चर्चा गरम होने लगी। अख़बारों ने इसका स्वागत किया। बहुत से अध्यापकों ने भी इसे सराहा। पर जब इधर अध्यापकों से एक मुलाकात में उन्होंने यह चिन्ता जतायी कि 'यह कितनी ज्यादती है कि हम किसी बच्चे को फेल नहीं कर सकते?' तो पहली बार यह चिन्ता हुई कि अन्य बहुत से प्रशिक्षण के विषयों के साथ-साथ, 'अध्यापक की चिन्ताएँ क्या हों', इस पर भी और अलग से बात किये जाने की ज़रूरत है, हालाँकि इधर इस पर नये ढंग से सोचा जाने लगा है।

मुझे अब्राहम लिंकन का वह मशहूर पत्र याद आया जो उन्होंने अपने बच्चे के अध्यापक के नाम लिखा है—'अध्यापक, मेरे बच्चे को और बहुत सिखाने के साथ-साथ हार कर फिर उठना भी सिखाना'। आज के तनाव भरे माहौल में यह सबसे ज़रूरी है। जाहिर है, फेल का प्रमाण-पत्र बच्चे को जीने की इस कला को सीखने से वंचित कर देगा। दरअसल, इस तरह की सिफारिशें पढ़ने-पढ़ाने की दुनिया में जिस फैलाव की ओर ले जाती हैं, हमें अपने सोच को भी वहाँ तक फैलाना

होगा। इस पर गम्भीरता से बात किये जाने की ज़रूरत है। बरबस ही जयशंकर प्रसाद का 'स्कन्दगुप्त' नाटक याद आया। नाटक की शुरुआत ही इस पंक्ति से होती है—'अधिकार सुख कितना मादक और सारहीन है।' अधिकार सुख की मादकता ने हमारी चिन्ताओं का रुख किस कदर बदल दिया है। सोचिए तो, हमारी चिन्ता यह क्यों नहीं होनी चाहिए कि ज़िन्दगी की शुरुआत यानी बारह-तेरह साल तक आते-आते ही बच्चे के आगे बढ़ने के रास्ते को रोक देने का अधिकार हमें क्योंकर हो? हमारी चिन्ता यह क्यों न हो कि सात-आठ साल तक स्कूल की पढ़ाई के बाद भी अगर बच्चा अगली कक्षा में जाने योग्य नहीं है तो दोष कहाँ है या फेल कौन है? विद्यार्थी या अध्यापक या पढ़ने-पढ़ाने का तौर-तरीका।

खेल-खेल में पढ़ना सीखने की बात तो ठीक है, और पढ़ने की प्रक्रिया भी खेल भावना से प्रेरित हो सकती है, पर परीक्षा और खेल में फर्क किया जाना चाहिए। पढ़ने वाले बच्चों का जीवन कोई खेल नहीं, जिसमें एक हारने वाला होगा तो दूसरा जीतने वाला। बच्चों के जीवन से खेलने का हक किसी को भी नहीं दिया जा सकता। इस अपराध को करने से हमें अपने आप को रोकना ही होगा। पास और फेल के इस सोच ने हमारे भीतर धीरे-धीरे इस तरह जगह बना ली है कि हमें रुक कर सोचने का अवसर भी नहीं देती। हमें सोचना होगा कि यह अवधारणा कहीं पनपी है तो आखिर कारण क्या है? अगर ध्यान से देखें तो पाएँगे कि हमारी शिक्षा-पद्धति में वर्ग-विभाजन की बड़ी भूमिका रही है। गरीबों का स्कूल, अमीरों का स्कूल, सरकारी स्कूल के बच्चे और पब्लिक स्कूल के बच्चे, कम अक्ल बच्चे, बुद्धिमान बच्चे, टॉपर और फेलियर वगैरह-वगैरह। इस तरह के विभाजनों ने पढ़ने-पढ़ाने के पूरे पर्यावरण को प्रदूषित किया है, कुछ इस तरह कि हमारी सोचने-समझने की प्रक्रिया ठहर गयी है और इसने अध्यापकों के सोच को भी विभाजित कर दिया है।

ऐसे में अध्यापक इस तरह के सवाल न उठाएँ तो क्या करें! पर इससे क्या होगा? अधिकार के अहंकार को भुला कर एक बार सोचना तो शुरू करें, बहुत कुछ परिवर्तित होगा। क्या होगा? ऐसे बच्चों की तादाद बढ़ेगी, जिनका हर अगला कदम आत्मविश्वास से भरपूर होगा।

जल्द-जल्द पैर बढ़ाओ

बहुत समय बाद संसद में एक सार्थक हलचल हुई। यह हलचल 1 अप्रैल 2010 को शिक्षा का अधिकार कानून लागू होने की थी। हलचल तो संसद के बाहर भी हुई। पर कुछ लोग हमेशा की तरह आशंकित हैं। ये हर पहल पर मुट्ठियाँ बन्द कर लेने के अभ्यस्त हैं। पर कुछ ऐसे लोग भी हैं जो इस पहलकदमी से आशान्वित हैं। 'आखिरकार 1911 का सपना 2009 में पूरा हुआ।' उन्हें विश्वास है कि यह 'कानून संविधान को नये मोड़ पर पहुँचाने वाला है।' यह कानून न केवल हमारे देश के हर बच्चे को स्कूल तक ले जाएगा बल्कि उन्हें बेहतर शिक्षा देकर स्कूल में रोक भी सकेगा। पर मीडिया ख़ामोश है। इक्की-दुक्की ख़बरें आयीं भी पर वह सूचना बनकर रह गयीं। चैनलों पर दिनभर चलने वाली ख़बरों के लिए जिस सनसनी की दरकार होती है, वह इसमें कहाँ? पर मेरे लिए अधिक बड़ी ख़बर यह है कि जिन संस्थानों पर इस कानून को क्रियान्वित और व्यावहारिक बनाने की जिम्मेदारी है वे भी ख़ामोश हैं। वे हमेशा की तरह निष्काम हैं। अटकलबाजियों में रत और अपने आप में मस्त। यह निश्चय ही *'हो रहेगा कुछ न कुछ/घबराएँ क्या'* वाली ग़ालिबाना मस्ती तो नहीं है।

मुझे इस कानून में हमारे देश की बे-आवाज़ भाषाओं के बोल सुनाई पड़ रहे हैं। क्योंकि बहुत-सी बातों के साथ-साथ यह कानून मातृभाषा में पढ़ने-लिखने की आज़ादी के सपने को हक़ीक़त में बदलने को आमन्त्रित करता है। एक ऐसा सपना जो अपनी भाषा में पढ़ने की आजादी पर कानूनी मुहर लगाता है। इससे निश्चय ही वर्षों से उपेक्षित 'समझ का माध्यम' जैसे मुद्दे को आधार मिलेगा। कितने ही बच्चे आज भी ऐसे हैं जो अपनी भाषा में पढ़ने की सुविधा न होने के कारण या तो स्कूल तक नहीं पहुँच पाते या फिर दूसरी-तीसरी कक्षा तक आते-आते स्कूल छोड़ देते हैं। अगर ऐसा कोई शोध हो कि पढ़ाई न कर सकने या स्कूल तक न पहुँचने में भाषा की भूमिका कहाँ तक है तो और तमाम वजहों के साथ-साथ यह एक बड़ी वजह के रूप में आँकड़ों में भी आ सकेगा। शोध तो इस पर भी होना चाहिए कि हमारे यहाँ उच्च शिक्षा तक पहुँचकर इंजीनियरिंग या एमबीबीएस जैसे संस्थानों के कितने ही विद्यार्थी भाषागत भेद-भाव और उपेक्षा को झेल नहीं पाते और आत्महत्या कर

लेते हैं। ये ख़बरें अख़बारों में भी आती रही हैं। पर हमारे देश में ऐसा कोई शोध होगा नहीं। यहाँ तमाम तरह के अधिकारों के लिए आवाजें उठती हैं। बीच-बीच में अपनी-अपनी भाषाओं को संविधान में जगह दिलवाने की भी जी-तोड़ कोशिशें होती हैं। पर अपनी भाषा में पढ़ने की माँग कहीं नहीं। शहर से भी नहीं। दूर-दराज के गाँवों से तो भला क्या होगी। उन्हें तो अधिकार माँगना आता नहीं। रोज़ी-रोटी के जुगाड़ में पूरी उम्र गुज़र जाती है। उनके लिए यह जानना उतना ज़रूरी नहीं है कि अपनी भाषा में न पढ़ सकने के मायने क्या हैं?

इस कानून को व्यावहारिक रूप देते हुए यह भी समझना होगा कि अपनी भाषा—'मातृभाषा' वह भाषा है जो बच्चे के परिवेश में है। यह एक नहीं अनेक भी हो सकती है। गाँधी जी कहते थे कि असली भारत गाँवों में रहता है। गाँवों में तमाम ऐसी क्षेत्रीय भाषाएँ हैं जिन्हें बोली कहकर कुछ कमतर आँका जाता है, तो शहरों में इनके साथ-साथ हिन्दी और अंग्रेज़ी भी हैं। इन बोलियों-भाषाओं को भी स्कूल के दायरे में लाना होगा। क्योंकि यह पहली बार हुआ है कि अपनी भाषा में पढ़ना हर बच्चे का कानूनन हक होगा। इसे सामाजिक-सांस्कृतिक विमर्श में बदलना होगा। जाहिर है, इस दिशा में व्यापक तैयारी करनी होगी। इस तैयारी में बड़े पैमाने पर अध्यापकों के प्रशिक्षण को प्राथमिकता से तरजीह देनी होगी। इसमें विश्वविद्यालयों और स्वयंसेवी संस्थाओं को भी शामिल करना होगा।

दरअसल हमारे देश के अभी तक के इतिहास में शिक्षा, खासतौर से प्रारम्भिक शिक्षा बहुत बड़ा मुद्दा रहा ही नहीं। कुछ समय से प्राथमिक शिक्षा की दिशा में आधारभूत परिवर्तन ज़रूर हुआ है। इसी के तहत इधर समझकर न पढ़ने को भी बच्चों के स्कूल छोड़ने की वजह के रूप में पहचाना गया है। भाषा को ऐसी वजह के रूप में पहचानना अभी बाकी है।

शिक्षा के अधिकार कानून के तहत ऐसे बच्चों को भी पढ़ने की आज़ादी और अधिकार मिल सकता है। बशर्ते संसद की वह हलचल जल्द ही शिक्षण संस्थानों तक पहुँचे। इसमें मीडिया के साथ-साथ जनभागीदारी ज़रूरी है। उधर निराला की पंक्तियाँ कविता से बाहर आने को उतावली हैं—

जल्द-जल्द पैर बढ़ाओ, आओ, आओ!

....

खोलेंगे अँधेरे का ताला,
एक पाठ पढ़ेंगे, टाट बिछाओ।

साहित्य में हिंसा

इधर साहित्य में जो नया विवाद छिड़ा है, उससे और कुछ हो न हो, मुद्दतों से हाशिये पर पड़ा साहित्य सुर्खियों में आ गया है। मुझे डर है कि ये विवाद साहित्य से दूर होते नये पाठकों को कुछ और दूर न कर दे। मैं बात कर रही हूँ साहित्य में अभी बिल्कुल अभी जन्मे विवाद से व्युत्पन्न शब्द प्रतिशब्दों की। राय-कालिया (मेरे लिए यह व्यक्ति विशेष का नाम नहीं बल्कि कुछ समय से लिखे जा रहे 'साहित्य में हिंसा' नये धारावाहिक के पात्र भर हैं)। इस नये प्रकरण ने साहित्य में पहले से ही चल रहे उस धारावाहिक में एक नया एपिसोड भर जोड़ा है। पर साथियो, आपको यह भ्रम नहीं होना चाहिए, मैं भी उस प्रकरण पर ही प्रतिक्रिया करने जा रही हूँ। इसलिए भी नहीं कि राय द्वारा स्त्री लेखिकाओं के लिए प्रयुक्त शब्द किसी भी दृष्टिकोण से उचित नहीं ठहराया जा सकता। पर उचित तो यह भी नहीं लगता कि ऐसे शब्दप्रयोगों के उचित-अनुचित का निर्णय व्यक्ति विशेष को पद से हटाये जाने मात्र से हो जाएगा। दरअसल यह भी एक तरह की कुण्ठाग्रस्त प्रतिक्रिया मात्र है। इधर इस प्रकरण से सम्बन्धित ऐसे कई लेख आये हैं जिन्हें आलोचना कहा जाना भी आलोचना के दर्जे से कुछ और गिराना होगा।

मैं यहाँ 'नया ज्ञानोदय' की सम्पादकीय दृष्टि पर भी कुछ नहीं कहना चाहती। क्योंकि ऐसी दृष्टि के नमूने पहले भी मिलते रहे हैं। याद कीजिए नासिरा शर्मा सम्बन्धी टिप्पणी। पर यह कहने की ज़रूरत महसूस हो रही है कि इधर आलोचनात्मक टिप्पणियाँ और सम्पादकीय दृष्टि दोनों ही व्यक्तिगत क्रिया-प्रतिक्रिया शैली पर विशेष मेहरबान हैं। मैं यह जानती हूँ कि क्रिया-प्रतिक्रिया आलोचना और सम्पादकीय दोनों की अनिवार्य शर्त/धर्म है पर इन दिनों यह साहित्य का रास्ता छोड़कर व्यक्ति केन्द्रित होती चली गयी है। इसे साहित्यिक सरोकारों से जुड़ना होगा।

मुझे यह भी नहीं कहना कि ये विवाद कहाँ तक बेठीक है। मुझे यह ज़रूर जानना है कि ऐसे प्रकरण नयी सोच, नयी सर्जना, नयी आलोचना, नयी भाषा दृष्टि और नये संवाद के प्रस्थान बिन्दु क्यों नहीं बन पाते? क्यों जब हम प्रतिक्रियात्मक होते हैं तो आत्मरक्षात्मक रुख अख़्तियार कर लेते हैं? क्यों यह बात बहस में नहीं है कि हम आपत्तिजनक टिप्पणियों का विरोध आपत्तिजनक वक्तव्यों से करने को विवश

हो गये हैं? क्यों हम भाषायी हिंसा का कारोबार बढ़ाते जा रहे हैं? क्यों यह बात बहस की नहीं कि इन दिनों साहित्यिक प्रतिक्रियाएँ मुद्दे से हटकर अचानक निहायत ग़ैर-ज़रूरी और बेबुनियाद तरीके से व्यक्तिगत आक्षेप-पटाक्षेप बन कर रह गयी हैं।

साथियो, अब 'समय आ गया है' कि समय रहते साहित्यिक सरोकारों से विमुख इन बहसों की दिशा बदल दें। समय आ गया है कि तुच्छ राजनीतिक और व्यक्तिगत उद्गार बनते इन विवादों को अकादमिक संवाद में बदल दें। हालाँकि मुझे कभी-कभी यह भी लगता है कि बीते समय में ऐसा कुछ हुआ है, जहाँ अकादमिक बहसों को 'अध्यापकीय' भी कहा जाने लगा था। कुछ-कुछ कमतर आँकने के अन्दाज़ में। इसीलिए आलोचना में ऐसी अकादमिक बहसें कुछ कम होती चली गयीं और राजनीतिक रवैया अख़्तियार कर लिया। मेरी यह सोच सच न हो तो अच्छा है।

भाषा की विद्यार्थी होने के नाते मेरा ध्यान इस पूरे प्रकरण में दो बातों की ओर गया जिस पर चर्चा ज़रूर होनी चाहिए। एक साहित्य की भाषा और हिंसा। यहाँ मैं साहित्य में यौन हिंसा की बात भर नहीं कर रही। मैं बात कर रही हूँ उस भाषा की जो शान्ति के लिए ख़तरा है। दूसरी बात जिस पर चर्चा होनी चाहिए वह है– शब्द और अर्थ का सह-सम्बन्ध। अगर मैं विश्वविद्यालय में होती तो शायद पहले मुद्दे पर पहला शोध प्रबन्ध लिखवाती। यद्यपि दूसरा मुद्दा बहुविचारित है। कई बार कई तरह से सोचा-विचारा विषय। पर अगर इतने भर से काम चल जाता तो चर्चित आपत्तिजनक शब्द का व्युत्पत्तिपरक अर्थ निकालने की चेष्टा (जैसा कि प्रयोक्ता ने किया) न की जाती। वह भी विशेष रूप से हिन्दी पढ़ने-पढ़ाने से सम्बन्धित बड़े संस्थान के सर्वोच्च पदाधिकारी द्वारा। इसीलिए मुझे लगता है कि हमें सबसे पहले स्कूलों और कॉलेजों में चल रहे शब्द से अर्थ तक पहुँचने की पूरी प्रक्रिया पर चर्चा करनी चाहिए। हमें इस पर भी ज़रूर चर्चा करनी चाहिए कि किन सामाजिक, सांस्कृतिक सन्दर्भों में कोई शब्द अचानक नये अर्थ धारण करता है। हमें चर्चा करनी चाहिए कि आज भी कविता पढ़ते-पढ़ाते वक़्त दीपक जैसा शब्द ज्ञान का प्रतीक मात्र बन कर क्यों रह जाता है। श्वेत रंग पवित्रता का सूचक ही क्यों कहलाता गया। अगर इसी तरह सोचते रहे तो कोई शक नहीं कि मुक्तिबोध की कविता में सफ़ेदपोश शब्द का अर्थ हम सफेद/पवित्र वस्त्र धारण करने वाला कर के अर्थ सम्पन्न करते चले जाएँगे। यदि छिन्न-नाल के व्युत्पत्तिपरक अर्थ नाल से कटा हुआ की तरह सफ़ेदपोश का अर्थ करेंगे तो निश्चय ही कविगण अपनी कविताएँ शिक्षण संस्थानों से हटा लेना चाहेंगे। दरअसल मुझे लगता है कि जिस तरह पेड़ के इर्द-गिर्द उसकी परछाईं घूमती है, उसी तरह शब्द के साथ उसका अर्थ भी घूमता है। पता नहीं किस समय, किस सन्दर्भ में कौन-सा अर्थ शब्द के बिल्कुल करीब आ खड़ा हो। ऐसी चर्चाएँ यदि बहसों में जगह बना पातीं तो यह भी चर्चा होती कि जब कोई शब्द किसी समय या विशेष सन्दर्भ में एक खास अर्थ से जुड़

पाता है, तो उसे तबतक नया अर्थ नहीं मिलता जबतक कि कोई प्रयोक्ता नये सन्दर्भों में उसका प्रयोग नहीं करता। जैसे कि नागार्जुन ने जब लिखा कि—'छोड़कर तालाब मेरी झोंपड़ी में खिल रहे जलजात' तब वर्षों से स्त्री सौन्दर्य के लिए प्रयुक्त कुछ-कुछ रूढ़ और मैले उपमान कमल को नया उपमेय मिला। नया अर्थ मिला। शब्दकोश में क़ैद 'सत्याग्रह' और 'असहयोग' जैसे शब्दों को गाँधी जैसे प्रयोक्ता ने नया सन्दर्भ देकर पुनः सर्जित कर दिया। राजेश जोशी ने अपनी कविता 'दो पंक्तियों के बीच' में यूँ ही नहीं यह लिखा होगा कि—*शब्दों से छन-छनकर गिरती रहती हैं यहाँ कई ध्वनियाँ/कभी-कभी तो शब्दों के कुछ ऐसे अर्थ भटकते हुए/चले आते हैं यहाँ। बिगड़ैल बच्चों की तरह जो भाग गये थे बहुत पहले/अपना घर छोड़ कर।*

समझ की भाषा

आज़ादी के बाद के पिछले सारे शिक्षा सम्बन्धी दस्तावेज़ों में मातृभाषा को समझ के माध्यम, खासतौर से प्राथमिक शिक्षा, के रूप में लागू किये जाने की बात कही गयी और बच्चों की समझ में सहायक उनकी अपनी भाषा, उनकी स्वतन्त्र अभिव्यक्ति को महत्त्व दिया गया। लेकिन आज लगभग 70 वर्षों बाद भी ऐसा पूरी तरह न हो सका। एक ओर घर की भाषा और स्कूल की भाषा में अन्तर बढ़ता चला गया तो दूसरी ओर अँग्रेज़ी सहित भारतीय भाषाओं के बीच संवाद की अपनी समझ, अपनी अभिव्यक्ति कहीं दबकर रह गयी। इसीलिए राष्ट्रीय पाठ्यचर्या की रूपरेखा 2005 में इस बात को पुरजोर तरीके से फिर से कहने की ज़रूरत पड़ी कि बच्चों की घर की भाषा स्कूल में भी उनकी समझ का माध्यम बने ताकि बच्चे रटने के बजाय समझकर पढ़ने की दिशा में आगे बढ़ें। शिक्षा उनके लिए बोझ न बनकर एक आनन्ददायी अनुभव बने।

पढ़ने-पढ़ाने की दुनिया में बच्चों के समझ का माध्यम कौन-सी भाषा हो सकती है? आज भी यह बहस का बड़ा मुद्दा है पर बहस में नहीं। एन.सी.ई.आर.टी. ने 'समझ का माध्यम' शृंखला के रूप में देशभर (पटना, वाराणसी, उदयपुर) में संगोष्ठी आयोजित कर बहस चलायी। सम्भव है शिक्षा का अधिकार बिल पास हो जाने से यह बहस एक अंजाम ले सके। क्योंकि इसके अध्याय तीन में राज्यों की जिम्मेदारियों में एक बात खुल कर कही गयी है कि और बहुत से अवरोधों के साथ-साथ भाषिक अवरोध के कारण किसी भी बच्चे की प्रारम्भिक शिक्षा में रुकावट नहीं आनी चाहिए। पर हैरानी है कि हमारी शिक्षा व्यवस्था आज़ादी के इतने वर्षों बाद भी बच्चों को अपनी भाषा में पढ़ने की आज़ादी नहीं देती। आज भी स्कूलों में बच्चों को ककहरा रटते हुए देखकर नागार्जुन की 'मास्टर' कविता प्रासंगिक हो उठती है :

घुन-खाये शहतीरों पर की बाराखड़ी विधाता बाँचे
कटी भीत है, छत चूती है, आले पर बिसतुइया नाचे
बरसाकर बेबस बच्चों पर मिनट-मिनट में पाँच तमाचे
दुखरन मास्टर गढ़ते हैं किसी तरह आदम के साँचे

हमारी शिक्षा पद्धति में 'आदम के साँचे' गढ़ने की परम्परा के पीछे रटन्त प्रणाली का बड़ा ज़ोर रहा है। ज़ाहिर है इन सोचों से निकले तोतों के पास न तो

अपनी सोच-विचार है और न ही अपनी ज़ुबान।

इसे जानने और सोचने-विचारने के लिए तो थोड़ा ठहरना होगा। अपने अतीत, वर्तमान और आने वाले समय पर एक साथ दृष्टि डालनी होगी। खुद की रफ्तार को रोककर स्कूलों में झाँकना होगा। बेमक़सद होती नयी पीढ़ी को टटोलना होगा। इस बात का जायज़ा लेना होगा कि पढ़ाई का जो ढाँचा औपनिवेशिक शासन में तैयार हुआ, आज़ादी के बहुत वर्षों बाद तक बहुत कुछ आज तक क्यों चलता रहा? ज़ाहिर है यह ढाँचा हमारे देश के मध्यवर्गीय और उच्च मध्यवर्गीय समाज को रास भी आया। पर इस ढाँचे ने भाषाई वैचारिक ग़ुलामी तथा ज़हालत का एक ऐसा पासा फेंका जिसकी चाल हमें आज तक नहीं मिल पा रही है। बहुत थोड़े से लोगों को साथ लेकर चलने वाले इस ढाँचे में आम बच्चों के लिए पढ़ना-लिखना सम्भव नहीं हुआ। क्यों?

हमारी प्राचीन शिक्षा पद्धति भी इससे भिन्न न थी। उसमें भी थोड़े से उच्च घरानों के लोगों को ही पढ़ना सुलभ था। आम लोगों की पहुँच वहाँ नहीं थी (पर वहाँ गुरु-शिष्य संवाद की अच्छी परम्परा थी)। नतीजा सामने है। बहुत बड़ी तादाद में ऐसे बच्चे बड़े होते रहे जो अपने लिए, अपने देश के लिए अपनी ज़ुबान में अपनी बात कहने से हिचकिचाते हाशिये पर रहे।

समझ और भाषा का सीधा सम्बन्ध बनता है। कौन पहले, यह कहना इतना आसान नहीं। आज शायद हमें यह कहने में कोई संकोच नहीं होगा कि आज़ादी के पहले यानी औपनिवेशिक शासन हो या उत्तर-औपनिवेशिक समय भाषा और समझ को एक साथ रखकर देखने की कोशिश हमारे सोच के दायरे में कभी नहीं रही। रही भी तो इस तरह नहीं कि यह एक मुहिम का रूप ले सके, हमारी नींद में दस्तक देने लगे। एंगिल्स यह कहता है कि भाषा मनुष्य की व्यावहारिक चेतना है। ज़रा सोचिए, बच्चे स्कूल में ऐसी भाषा का व्यवहार करने को बाध्य किये जाएँगे जो उनके परिवेश की नहीं है तो क्या होगा? यकीनन उनकी चेतना ग़ुलाम होगी और ग़ुलाम चेतना के साथ बड़े होते बच्चे अपने भविष्य और आज़ाद भारत की रक्षा कर सकने में कितना समर्थ होंगे, सोचना होगा।

उस समय में काम मुख्य रूप से दो स्तरों पर हुआ। एक ओर ऐसे स्कूल तैयार हुए जिन तक आम भारतीय आदमी की पहुँच न थी। दूसरे पढ़ाई का माध्यम ऐसी भाषा रही जो बच्चों की स्वतन्त्र अभिव्यक्ति में रुकावट बनी और उनके अपने विचार बनाने में बाधक रही। अभिव्यक्ति प्रभावित होती है तो एक ओर बच्चों के व्यक्तित्व का विकास रुकता है और दूसरी ओर देश का विकास भी निश्चय ही रुकता है (धीरे-धीरे शिक्षा से दूर होते बच्चों के कारण)। अभिव्यक्ति के स्तर पर पहले से ही कमज़ोर आम जनता को और कमज़ोर करते जाने की यह साजिश कामयाब रही। इस कदर कामयाब रही कि आज हमारे पास अर्थ, समाज और विज्ञान—जो किसी भी देश के विकसित होने या पिछड़ेपन का पैमाना होता है, के पास अपनी भाषा

नहीं है। हमारे देश का वह विज्ञान और अर्थशास्त्र नहीं विकसित हो पाया जो हमारे देश और हमारी ज़रूरत के मुताबिक रचा गया हो। विज्ञान-समाज और अर्थ सम्बन्धी मसलों के लिए उधार ली गयी भाषा अपना विचार बना सकने में बाधक रही। यह सब हुआ और यह जानते और मानते हुए हुआ कि विचार-विमर्श के अभाव में न तो भाषा का विकास हो सकता है और न ही बच्चों का।

आज़ाद भारत ने ऐसी पीढ़ी को जन्म दिया जिनकी अपनी समझ का विकास करने में हमारे स्कूल भी सहायक नहीं रहे। इसका नतीजा हमारे सामने है। हालाँकि हम बड़ी बेफ़िक्री से यह मान लेते हैं कि इसका कारण मात्र गरीबी है। यह जानने की कहीं कोशिश भी नहीं की गयी कि स्कूल की भाषा और घर की भाषा के बीच संवाद हो रहा है या नहीं? अगर नहीं हो रहा है तो रास्ता क्या है? हैरत है कि संवाद का न होना हमारे देश में कभी वाद-विवाद का मुद्दा नहीं हुआ। कनाडा के मशहूर संचारशास्त्री मार्शल मैकलुहान बार-बार कहते रहे कि 'माध्यम ही सन्देश है'। पर माध्यम कोई हो सन्देश तो हम पहुँचा ही लेंगे की सोच से रटाते रहे। लेकिन हमने सुना नहीं। कारण और भी हैं। पड़ताल ज़रूरी है।

इस बात की पड़ताल भी करनी होगी कि भारत जैसे बहुभाषी देश के बच्चों के आपसी संवाद की भाषा क्या होगी? न सोचने का नतीजा यह हुआ कि आज तक हमारी कोई भाषा नीति नहीं बन पायी है। ऐसे में एक ओर ऐसे लोगों की संख्या बढ़ती गयी जो यह मानने लगे कि भारतीय भाषाओं का कक्षा की भाषा न बन पाने का कारण कहीं न कहीं अँग्रेज़ी जी भाषा है। (गाँधी की सोची हुई नयी तालीम में भी अँग्रेज़ी का स्थान न था। आगे चलकर बहुत से लोगों का ध्यान भी इस ओर गया)। दूसरी ओर भारत के अन्य भाषा-भाषियों के बीच ऐसा बीज रोपा गया कि हिन्दी ही अन्य भाषाओं के विकसित न हो पाने का कारण है। इसका नतीजा यह हुआ कि अँग्रेज़ी का महत्त्व और बढ़ता चला गया। आज अँग्रेज़ी ज्ञान-विज्ञान की भाषा होने के साथ-साथ हमारे आपसी जुड़ाव का माध्यम भी हो गयी है। इसलिए इसे तबतक पूरी तरह ख़ारिज नहीं किया जा सकता, जबतक कि यह भाषा हमारे जुड़ाव का माध्यम है। आज इस बात की भी ज़रूरत है कि भारतीय भाषाओं के साथ-साथ हिन्दी और अँग्रेज़ी के बीच एक संवाद कायम हो। यह संवाद हमारी हिन्दी और अन्य भारतीय भाषाओं को सशक्त करने की दिशा में पहल कर सकता है। बच्चे शुरुआती दौर में ही कुछेक भारतीय भाषाओं के साथ-साथ अँग्रेज़ी भी पढ़ें पर स्कूलों में शिक्षा का माध्यम बच्चों के घर की भाषा ही हो। इसके लिए दो स्तरों पर काम करना होगा।

एक—अनुवाद के द्वारा, दूसरे मूल हिन्दी या भारतीय भाषाओं में लेखन द्वारा। जब एक पुस्तक हिन्दी से अँग्रेज़ी में अनूदित होगी तो विश्व पटल पर हिन्दी भी पहुँचेगी। इसी तरह जब एक पुस्तक अँग्रेज़ी से हिन्दी में अनूदित होकर पहुँचेगी तब भी हिन्दी की दुनिया कुछ और समृद्ध होगी। कल्पना कीजिए, टॉलस्टॉय या

शेक्सपियर हिन्दी और अन्य भाषाओं में न आये होते तो क्या होता? क्या होता, शायद इतना ही कि एक ओर 'अपराध और दण्ड', 'मैकबेथ', 'अन्नाकेरेनिना' जैसी महान रचनाओं से बहुत से पाठकों और विद्यार्थियों का परिचय न होता, तो दूसरी ओर ऑथेलो और अन्ना जैसे चरित्रों से हमारे देश के अन्नाओं और ओथेलाओं की मुलाक़ात न हुई होती और हर देश के अन्ना अपने-अपने अकेलेपन में क़ैद होते। ज़ाहिर है साहित्य का विकसित संसार भी कुछ संकुचित होता और इस मुकाम पर न होता। विचारना यह भी होगा कि प्रेमचन्द जैसे कथाकार अँग्रेज़ी में पहुँचे तो दुनिया ने यह जाना कि हिन्दी ऐसी ज़मीन की भाषा है जो उर्वर है, जिसे आगे आने से रोका नहीं जा सकता। यह कहने में संकोच नहीं कि रवीन्द्रनाथ टैगोर अँग्रेजी में न पहुँचे होते तो उन्हें नोबेल पुरस्कार भी न मिला होता। बहुत-सा अच्छा लेखन हिन्दी और भारतीय भाषाओं में हो रहा है जिसकी ख़बर शायद दुनिया को नहीं है तो इसका मतलब यह नहीं है कि हिन्दी या भारतीय भाषाएँ कुछ दे सकने में समर्थ नहीं हैं। ऐसी छवि और ऐसी धारणा बनाने के भागीदार हम भारतीय ही हैं। हिन्दी में विज्ञान, समाज विज्ञान की तमाम ऐसी पुस्तकें हैं जिनको हिन्दी पाठकों तक पहुँचाना होगा। पर यह तभी होगा जब हमारी भाषा समृद्ध होगी और भाषाएँ एक-दूसरे के साथ ही फलती-फूलती हैं।

हमारे देश में लगभग हर भाषा में बहुत अच्छे कवि और लेखक मौजूद हैं। इनकी सहायता से इन नये क्षेत्रों के लिए हर भाषा में बच्चों के लिए किताबें तैयार की जा सकती हैं। इन दिशाओं में अनुवाद की भी खासी गुंजाइश और ज़रूरत है। अगर यह काम गम्भीरता से हुआ तो कई बातें और होंगी। पहली बात यह कि—आधुनिक वैज्ञानिकों की इस धारणा के लिए यह चुनौती होगी कि हिन्दी आधुनिक विज्ञान आदि की भाषा नहीं हो सकती। दूसरे—इन क्षेत्रों में अच्छे मौलिक लेखन की दिशा में आने के लिए हिन्दी लेखन को बढ़ावा भी मिलेगा। कुछ लोगों का यह मानना है कि इन विषयों को हर भाषा में नहीं पढ़ाया जा सकता लेकिन बहुत से दार्शनिकों का यह कहना है कि जो यह कहता है वास्तव में उसे इन विषयों की समझ ही नहीं है। ऐसी धारणाओं का नतीजा यह हुआ कि इस तरह का कोई भी मौलिक चिन्तन मूल हिन्दी और अन्य भारतीय भाषाओं में नहीं आने पा रहा है। एक तरफ़ यह भी सच है कि प्राचीन समय में इन विषयों के ग्रन्थ मूल हिन्दी में लिखे गये ग्रन्थ हैं, जिसकी जानकारी भी लोगों को नहीं है। शायद इसका कारण यह भी है कि इनकी उपलब्धता सन्दिग्ध है। यह घोर उपेक्षा का ही परिणाम था। नतीजा आज अर्थशास्त्र, सामाजिक चिन्तन और ज्ञान-विज्ञान का क्षेत्र आम जनता की पहुँच से दूर होता चला गया है। तीसरे—हमारे बच्चों को विज्ञान, समाज विज्ञान और अर्थविज्ञान की समझ विकसित करने में मदद मिलेगी। चौथे इसलिए कि भाषा के बिना अर्थतान्त्रिक संचालन भी नहीं हो सकता।

इसके लिए ज़रूरत है कि बच्चों की अपनी भाषा में इन विषयों की शिक्षा

मिले। पर यह काम अध्यापकों और लेखकों की सहायता से ही बेहतर तरीके से हो सकता है। क्योंकि इन क्षेत्रों में अच्छा लेखन और पढ़ने-पढ़ाने की प्रक्रिया में बहुभाषिकता का संसाधन के रूप में इस्तेमाल अभी किया जाना है। इधर हिन्दी और अन्य भारतीय भाषाओं में अच्छा लेखन हो भी रहा है। हिन्दी में गुणाकर मुले, पूरन चन्द जोशी, अनुपम मिश्र जैसे लेखकों को इसका श्रेय जाता है। ज़ाहिर है हमें यह काम यह ध्यान रखते हुए करना होगा कि हमारे देश का चरित्र मूलतः बहुभाषी है। अगर हिन्दी की बात करें तो पूरे देश में कश्मीर से कन्याकुमारी तक इसके विभिन्न रूप मिलेंगे इसीलिए हरेक बच्चे की अपनी हिन्दी भी होगी। स्कूलों में जो हिन्दी शिक्षा का माध्यम है, वह बहुत कुछ बच्चों की अपनी हिन्दी से अलग है। इसीलिए बच्चों की अपनी समझ बनाने और उन्हें स्कूल में आमन्त्रित करने के लिए उनकी अपनी भाषा को माध्यम बनाना होगा। स्कूल की हिन्दी को भी भोजपुरी और मैथिली जैसी अनेक क्षेत्रीय भाषाओं को साथ लेकर चलना होगा। यह कक्षा में संवाद का वातावरण तैयार करने में सहायक होगा, जो समझ कर पढ़ने की पहली सीढ़ी है। देखने की बात यह भी है कि अपार लोकप्रिय और भयावह व्यावसायिक बम्बइया सिनेमा, छोटे अख़बारों-पत्रिकाओं और रेडियो-टीवी के संसार के सबसे बड़े संजाल (नेटवर्क) भी न तो अवधी के तुलसीदास को ख़त्म कर पाये हैं, न ही मैथिली के विद्यापति को मिटा पाये हैं। हम सब जानते हैं कि यह समझ की ही बात थी कि तुलसीदास को संस्कृत में लिखे 'वाल्मीकि रामायण' की रचना उस समय की जनभाषा अवधी में 'रामचरितमानस' के रूप में करनी पड़ी। भोजपुरी के भिखारी ठाकुर की लोकप्रियता इस मीडिया और बाज़ार की खड़ी बोली में लिखने वाले किसी भी स्वनामधन्य आधुनिक कवि-कथाकार से आज भी ज़्यादा है। आज हिन्दी या किसी अन्य भारतीय भाषा में पला-बढ़ा औसत बच्चा एक विभक्त व्यक्तित्व तथा सन्दिग्ध मनःस्थिति का बनता जा रहा है। वह आश्वस्त न होकर कुण्ठित होने के लिए अभिशप्त है। हिन्दी या उनकी अपनी भाषा में शिक्षा न होने के कारण एक ओर बच्चों के भाषा प्रयोग, अभिव्यक्ति में निखार नहीं आ पाता, तो दूसरी ओर अँग्रेज़ी भाषा की चकाचौंध ज़रूर उनके मन पर हावी होने लगती है। उसकी अभिव्यक्ति निरन्तर असहज और अस्पष्ट होती जाती है। भाषा के सक्षम प्रयोग से उभरने वाले आत्मविश्वास से भी वह वंचित होता जा रहा है। इसलिए अब हर अध्यापक और स्कूल को बच्चों की अपनी भाषाओं का प्रयोग माध्यम के रूप में करने की छूट देनी होगी। खासतौर से शुरुआती दौर में। इससे बच्चों का आत्मविश्वास बढ़ेगा और विषय की अपनी समझ विकसित होगी जिसे वे इत्मीनान से अपनी ज़ुबान में कह सकेंगे।

हमें आज ईमानदारी के साथ बच्चों की अपनी भाषा के प्रयोग और पढ़ने-पढ़ाने के क्षेत्र में उसके महत्त्व को स्वीकार करना होगा। देश की प्रतिभा को देश के लिए उपयोगी बनाने के लिए हमारे पास और कोई दूसरा विकल्प नहीं है।

प्रेमचन्द का दोस्त

पूर्वांचल या बिहार जाने के लिए अगर महीनों पहले आरक्षण नहीं कराया तो भूल से भी सुखद या दुखद क्या, यात्रा की कल्पना भी न करिए। इस बार जब मैं बनारस गयी तो ऐसा ही हुआ। आरक्षण कहीं नहीं मिल रहा था। वापस आते हुए किसी तरह जगह मिली। ट्रेन में भीड़ थी। हम अपनी सीट पर बैठे। रात में खिड़की से ठण्डी हवा आ रही थी। हमारी सीट पर एक तीस-पैंतीस साल का युवक सस्ते जिल्द वाली किताब हाथ में लिए पढ़ रहा था। हमारे पहुँचने पर उठा और किताब वहीं रख दी। मुड़ी हुई किताब की जिल्द से उसका शीर्षक झाँक रहा था 'मानसरोवर'। पहले तो विश्वास नहीं हुआ कि प्रेमचन्द का 'मानसरोवर' इतनी घटिया छपाई में! लेकिन जब धीरे-धीरे उस शख़्स से बातचीत होने लगी तो घटिया जिल्द में प्रेमचन्द से दोस्ती की बढ़िया बातों ने कुछ फैलाव माँगा।

जैसे-जैसे ट्रेन आगे बढ़ी, वह शख़्स प्रेमचन्द से अपनी दोस्ती को हमारे सामने खोलने लगा। बल्कि कुछ-कुछ उतावलेपन की हद तक पहुँच कर। किताब को उलटते-पुलटते देख कर उसने पूछा, 'इनकी एक कहानी है 'बूढ़ी काकी'। आपने पढ़ी है? बहुत अच्छी है। जानते हैं, मेरे एक दोस्त ने जबसे वह कहानी पढ़ी है, सबसे पहले अपनी माँ को खाना खिलाता है, फिर घर का कोई और सदस्य खाता है।' वह मेरे सवाल 'प्रेमचन्द को पढ़ने का चस्का कैसे लगा?' पर कुछ और खुला, 'जानते हैं, मैंने प्रेमचन्द की कहानी सबसे पहले चुरा कर पढ़ी थी। स्कूल के किसी बच्चे की किताब 'प्रेमचन्द की सर्वश्रेष्ठ कहानियाँ'। इनकी रचनाएँ जहाँ कहीं मिलीं, पढ़ता रहा। दोस्तों को भी देता रहा।' मैंने कई और रचनाकारों के नाम लिए, पर वह उनमें से एकाध से ही परिचित था। जयशंकर प्रसाद के नाम से परिचित था। इलाहाबाद का रहने वाला था, इसलिए कुछ स्थानीय लेखकों के नाम जानता था। उसे किसी प्रकाशन या पुस्तक की दुकान का पता न था।

रेलवे प्लेटफ़ार्म की तमाम जासूसी और सच्ची कहानियों के जंगल में प्रेमचन्द की रचनाओं के पारखी उस शख़्स के बारे में कुछ और जानने का मन हुआ। वह साहित्य का विद्यार्थी नहीं था और न ही कभी किसी प्रतियोगी परीक्षा में बैठा था। एक मुलाजिम था। कम उम्र में ही पढ़ाई छोड़ कर नौकरी करने लगा, पर पढ़ने का

चस्का ऐसा लगा कि किताबों से दोस्ती कर ली। कुछ इस तरह कि जैसे किताबें उसकी पड़ोसी हों।

प्रेमचन्द की मृत्यु हुए साठ वर्ष से अधिक हो चुके हैं और उनकी रचनाएँ अब 'कॉपीराइट' के बन्धनों से मुक्त हैं। रेलवे स्टेशनों पर और छोटे-छोटे पुस्तक विक्रेताओं के पास आसानी से उपलब्ध हैं। तभी तो उनके पाठकों की दुनिया का फैलाव हुआ है। सही मायने में उनके आम लोगों तक पहुँचने का अवसर अब आया है। मुझे याद है, कॉपीराइट फ्री होने पर जब 'गीतांजलि' के कई ऐसे सस्ते संस्करण छपने लगे तो रवीन्द्र साहित्य प्रेमियों को लगा कि उनके महान् लेखक के साथ अन्याय हो रहा है। गलत छपाई के साथ किताबें बाज़ार में पहुँच रही हैं। इस पर बहुत बहसें हुई थीं। भला यह अधिकार किसी सस्ते प्रकाशक को कैसे हो कि वह कम मुनाफे में साधारण लोगों तक पहुँचे। हालाँकि यह सच है कि कई बार ऐसे प्रकाशकों की गलत छपाई के कारण लेखक के साथ अन्याय भी होता है। पर उनका क्या करिए कि सही छपाई पढ़ कर भी लेखक के साथ अन्याय करते रहते हैं? यह बहस का मुद्दा है। जो भी हो, इस बात से इनकार नहीं किया जा सकता कि आज रवीन्द्रनाथ ठाकुर या प्रेमचन्द ज़िन्दा होते तो यह देखकर खुश होते कि सही मायने में जनप्रिय लेखक वे अब हो रहे हैं।

हम सब जानते हैं कि हमारे यहाँ की एक बड़ी समस्या पढ़ने की संस्कृति विकसित न हो पाना है। ऐसे में अगर अच्छा साहित्य आसानी से कम कीमत में सार्वजनिक स्थानों पर लोगों तक पहुँच जाए तो न केवल इस समस्या से निपटा जा सकता है, बल्कि प्रकाशकों के एकाधिकार से भी निपटा जा सकता है। इसके अपने ख़तरे हैं, लेकिन वे इतने बड़े नहीं कि उन पर काबू न पाया जा सके। आज के समय में यह खासतौर से ज़रूरी है, क्योंकि इण्टरनेट पर और बाज़ार में मौजूद तरह-तरह की काम और बेकाम की सामग्री के जाल में फँसे आम आदमी के सामने अच्छे साहित्य तक पहुँचने की चुनौती मुँह बाये खड़ी है। हमें तय करना होगा कि हमें पढ़ा-लिखा रचनात्मक मस्तिष्क वाला सृजनशील समाज चाहिए या चमचमाती जिल्दों में बँधी किताबों में क़ैद सृजनशील विचार?

ऑस्कर के बहाने

'स्लम डॉग मिलियेनियर' को आठ ऑस्कर मिलने के बाद चारों ओर (इलेक्ट्रॉनिक मीडिया में कुछ अधिक) एक अजीब-सा सुरूर छाया हुआ है। यह कैसा सुरूर है? सारी दुनिया में भारतीय पहचान का सुरूर? उम्मीद का सुरूर? संगीतकार ए.आर. रहमान ने ऑस्कर स्पीच में कहा कि, 'इस फ़िल्म की मूल भावना उम्मीद है।' 'जनसत्ता' के सम्पादकीय ने कहा—'आम धारणा यही है कि बिना अच्छी पढ़ाई-लिखाई के वहाँ पहुँचना मुमकिन नहीं है। लेकिन इस देश में बहुत सारे लोग ऐसे भी हैं जिनकी ज़िन्दगी उन्हें दुनिया में तमाम सवालों से रूबरू करा देती है।' किसी ने कहा, 'यह फ़िल्म भारत की गरीबी को बेच रही है।' कुछ ने कहा, 'यह भारतीय फ़िल्म नहीं है, इसका नाम भी भारतीय नहीं। इसलिए ऑस्कर पर इतना खुश होने की ज़रूरत नहीं।' इस तरह के तमाम सवालों और प्रतिक्रियाओं के साथ जब मेरा ध्यान 'जनसत्ता' के सम्पादकीय पर जाता है तो मन में पहले से ही उठ रहे एक सवाल जिसकी ओर हमारा ध्यान ज़रूर जाना चाहिए—वह निहायत ज़रूरी सवाल—स्लम डॉग मिलियेनियर देखने के बाद—कुछ और बड़ा होने लगा है। क्या सचमुच अब भी—स्वतन्त्रता के इतने वर्षों बाद भी—हम इतना बड़ा रिस्क उठाने को तैयार हैं? जमाल (स्लम डॉग मिलियेनियर का नायक) जैसों को उनकी ज़िन्दगी के सवालों से रूबरू होते हुए माफियाओं और ठगों के चंगुल से छूटते-भागते खुद-ब-खुद सीखने का रिस्क उठाते चुपचाप देखते रहने का रिस्क? कब तक? कब तक हम जमाल के भाई सहित तमाम साथियों को गुनाहों और जहालत के अँधेरे में ढकेले जाते देखते हुए एक जमाल के करोड़पति होने की उम्मीद सँजोये हाथ पर हाथ धरे बैठे रहेंगे? हमें सोचना होगा तबतक, जबतक कि यह सवाल हमारी साँसों और धमनियों के साथ-साथ न दौड़ने लगे।

सुबह-सुबह बस्ते में नींद उठाये हज़ारों बच्चों को स्कूल जाते देखते हुए, क्या आपने कभी सोचा कि इनमें से कितने बच्चे स्कूल की दहलीज पार कर पाते हैं और कितने दहलीज पर ही रुक जाते हैं, और क्यों? इनमें से कितने बच्चे आगे की पढ़ाई कर पाते हैं? अगर नहीं तो इसके कारण क्या हैं? क्या हमें कभी ऐसा लगता है कि हमारी बुनियादी शिक्षा के तरीके में बुनियादी परिवर्तन की ज़रूरत

है? शायद नहीं, क्योंकि परिवर्तन हमारी आसान खाती-पीती ज़िन्दगी को मुश्किल और अनजान रास्तों पर ला खड़ा करता है और तेज़ भागती ज़िन्दगी में हमें यह खलल या रिस्क कतई गवारा नहीं। अगर हम कहें कि हम सभी लोग जिस पद्धति से प्राथमिक शिक्षा की शुरुआत करते रहे हैं, वह बहुत ठीक नहीं है और बच्चों के स्कूल छोड़ने का एक अहम कारण भी है तो आपका जवाब होगा–'अगर यह सच होता तो हम कैसे पढ़ पाते?' पर दोस्तो, हमें सोचना होगा, क्योंकि हम सब लोगों के पढ़ना-लिखना सीखने में बहुत कुछ हमारा परिवेश हमारे साथ रहा है। यही कारण है कि देर-सवेर हमने पढ़ना (?) जाना। पर वे बच्चे, झोंपड़-पट्टी और गाँवों के बच्चे, जिनके परिवेश में किताबें नहीं हैं, और जिनके पढ़ना-लिखना सीखने का एक मात्र जरिया स्कूल ही है (हमारे देश के लगभग 85 प्रतिशत बच्चे ऐसे ही परिवेश में रहते हैं) वे किस हाल में हैं।

सर्वशिक्षा अभियान के तहत एनसीईआरटी द्वारा किये गये सर्वेक्षण में पाया गया कि यहाँ तीसरी कक्षा तक पहुँचे 56 प्रतिशत बच्चे ही समझकर पढ़ पाते हैं। समाज के सुविधावंचित परिवारों और ऐसे परिवार जिनकी पहली पीढ़ी साक्षरता की ओर कदम रखने जा रही है, उनके सन्दर्भ में यह स्थिति और चिन्ताज़नक है। समझकर पढ़ने की पद्धति यदि शुरुआत से नहीं अपनायी जाती तो अन्य विषयों को समझना भी मुश्किल हो जाता है और बच्चे पीछे रह जाते हैं। अधिकांश बच्चे तो कक्षा तीन तक आते-आते आगे की पढ़ाई जारी नहीं रख पाते हैं। अगर आँकड़े उठाएँगे तो सबसे पहला कारण गरीबी ही मिलेगा। यह मानना कि आर्थिक तंगी के कारण कई बच्चे स्कूल छोड़ देते हैं, स्कूलों के रजिस्टर में कामचलाऊ जवाब बनकर टँका रहता है। (ऐसा है भी, पर इससे कई गुना ज़्यादा वे बच्चे हैं जिन्हें स्कूल छोड़ने के लिए कोई और नहीं स्कूल और उसका पढ़ने-पढ़ाने का ढंग ही स्कूल छोड़ने पर विवश करता है) पर एक सवाल कहीं नहीं कि आखिर कक्षा तीन तक आते-आते ही ऐसा क्यों होता है? दरअसल, अगर जानने की कोशिश करेंगे तो भयावह सच सामने आएगा।

उसे सुनो भी

हमारे स्कूल में हरसाल पाँच सितम्बर (शिक्षक दिवस) को एक अलग-सी परम्परा थी। उस दिन स्कूल में अध्यापक पढ़ाते नहीं थे। वे सुनते थे। बच्चे अलग-अलग अध्यापकों की भूमिका में कुछ की नकल भी किया करते थे। हँसी-ठट्ठे के बीच दिन यूँ ही गुज़र जाता। बच्चों की अध्यापकीय क्षमता/नकल शिक्षकों को नागवार भी गुज़रती थी। अगले दिन स्कूल पुराने ढर्रे पर चलने लगता। मास्टर साहब की मेज़ पर बाँस की छड़ी, डस्टर और चॉक रहता। पाठ याद न करने पर पिटाई और सवाल पूछने पर डाँट डपट का सिलसिला पुराना था। पर आज परिस्थितियाँ बदल गयी हैं। नयी पाठ्यचर्या विद्यार्थी केन्द्रित और विद्यार्थी प्रेरित शिक्षा की बात पर बल दे रही है। ऐसे में वर्षों पहले लिखी बेर्टोल्ट ब्रेष्ट की शिक्षकों को सम्बोधित एक कविता याद आ रही है, जो पढ़ाई-लिखाई में रचनात्मकता को महत्त्व देती है। मेरे सामने बेर्टोल्ट ब्रेष्ट की वह कविता 'जो बोलते हो उसे सुनो भी' खुली पड़ी है। इसके साथ ही खुले पड़े हैं परम्परा के मायने। अगर ठीक से शोध किया जाए तो हरेक परम्परा के पीछे कोई न कोई तर्क निकल आएगा। पर इस पर फिर कभी...। अभी तो मेरे सामने सिर्फ़ और सिर्फ़ ब्रेष्ट की कविता कुछ कह रही है–

अध्यापक, अक्सर मत कहो कि तुम सही हो
छात्रों को उसे महसूस कर लेने दो खुद-ब-खुद
सच को थोपो मत
यह ठीक नहीं है सच के हक में
बोलते हो जो उसे सुनो भी।

हमारी शिक्षा पद्धति में शिक्षक वक्ता रहा है। और आमतौर पर विद्यार्थी श्रोता। अड़ोस-पड़ोस से अख़बारों के जरिये स्कूली विद्यार्थियों के प्रताड़ना और आपराधिक वृत्तियों की भयानक ख़बरें मिलती हैं। यह सब स्कूलों में सृजनात्मक शिक्षा न होने का नतीजा है। मुद्दत से इस पद्धति में बदलाव की ज़रूरत थी। पर कुछ तो परीक्षा आधारित पढ़ाई ने नाकाम किया और कुछ पढ़ने-पढ़ाने के पुराने तरीकों ने। इधर परीक्षा और पढ़ने-पढ़ाने के तरीकों को लेकर कुछ नयी हलचल होने लगी है। देर से ही सही शिक्षा के क्षेत्र की यह नाकामी इधर बहस के केन्द्र में है और वह भी

इस तरह कि इसकी अवाज़ों की गूँज संसद की कार्यवाहियों में दस्तक देने लगी है। ज़ाहिर है ये आवाज़ें बच्चों की अपनी आवाज़ों, उनकी अपनी सृजनात्मकता और अपने सच के हक में होंगी।

दुनिया की तमाम अच्छी रचनाओं की तरह ब्रेष्ट की उपर्युक्त कविता भी 'जो है उससे कुछ बेहतर' की माँग करती है। यह बदलाव की ओर एक इशारा है। यह कविता भी समझ कर पढ़ने के लिए बच्चों की सृजनात्मकता को सबसे ज़रूरी मानती है। कविता इस ओर भी इंगित करती है कि हमारे स्कूलों में बच्चों के सामने साहित्य, विज्ञान, इतिहास या समाज का सच थोपा हुआ सच बनकर आता रहा है। यही कारण है कि हमारी अधिकांश युवा पीढ़ी इस सच को अपनाने में नाकाम हो रही है। यह किसी के हक में नहीं है। न सच के, न बच्चों के, न हमारे, न देश के और न ही समय के।

दुनिया के तमाम जन्मे-अजन्मे बच्चों के शिक्षको, 'जो हो चुका, सो हो चुका' अब सुननी ही होगी तुम्हें, वह आवाज़ जिसके बीज तुमने ही रोपे थे बच्चों के भीतर। उन्हें अवसर दो कि वे साहित्य, विज्ञान, इतिहास आदि विषयों की तमाम सच्चाइयों को अपने अनुभव और रोज़मर्रा के सामाजिक सरोकारों से जोड़ते हुए अपने सच का सन्धान करें। उनकी समझ पर भरोसा करो। मत सोचो कि बच्चे हैं वे, रखना चाहिए दूर उन्हें कड़वी सच्चाइयों से। क्योंकि जिन्हें वे महसूस करते हैं उन्हें बोलना चाहते हैं। इन्हें बच्चों की कक्षा में जगह देनी होगी। इस सिलसिले में अध्यापकों से बात होने पर हर बात परीक्षा आधारित तैयारी पर आकर ठहर जाती है। परीक्षा का यह दबाव उन्हें कक्षा में ऐसा माहौल नहीं बनाने देता है। हालाँकि इधर परीक्षा पद्धति में बदलाव को लेकर सरकारी हलचल से एक उम्मीद जगी है।

हाल में अध्यापकों से एक संवाद गोष्ठी में सकारात्मक अनुभव हुआ। अध्यापकों से इस तरह के संवाद आयोजित होना भी अच्छी शुरुआत है। शिक्षण संस्थाओं द्वारा आयोजित संगोष्ठियों में भी विचार-विमर्श की पूरी गुंज़ाइश होती है पर इन्हें और विस्तार देने की ज़रूरत है और स्कूली बच्चों से जोड़ना होगा। शिक्षकों से संवाद के सिलसिले में शिलांग जाना हुआ। कार्यक्रम में एक दिन चेरापूँजी के रामकृष्णमिशन स्कूल का दौरा भी शामिल था। वहाँ एक दिलचस्प अनुभव हुआ। वहाँ पर बच्चों से संवाद-सत्र में अध्यापक और बच्चे एक साथ बैठे थे। अध्यापक श्रोता थे और बच्चे वक्ता। वहाँ के बच्चों ने चेरापूँजी और देश के बारे में अपनी बातें कहते हुए भाषा से जुड़े कुछ अद्भुत सवाल किये। ये वे बच्चे थे जिनमें लगभग नब्बे प्रतिशत रेलगाड़ी पर भी नहीं चढ़े थे। यानी ये मेघालय से बाहर कभी नहीं गये थे। इनमें एक-दो को छोड़कर सभी खासी-भाषा-भाषी थे।

एक बच्चे ने सवाल किया, क्या भाई-बहन की भाषा अलग-अलग हो सकती है? एक दूसरे बच्चे का सवाल था, हमारे देश में इतनी सारी भिन्न-भिन्न भाषाएँ

क्यों हैं? हो सकता है कि किसी सामान्य कक्षा में ये सवाल पूछे गये होते तो ऐसे बेतुके (इस अर्थ में कि न तो यह पाठ्यक्रम में है और न ही किसी किताब में इसका उत्तर मिलेगा) सवालों के लिए बच्चों को सजा भी मिलती। यह भी हो सकता है कि हम हमेशा के लिए मूर्ख या नासमझ जैसे विशेषणों को उनके लिए सुरक्षित कर लेते। पर वहाँ ऐसा कुछ नहीं हुआ। एक अच्छा संवाद हुआ। हमारे लिए चेरापूँजी के उन बच्चों को सुनने और गुनने का विकल्प चुनने के सिवा किसी अन्य विकल्प की ओर जाना आज़ाद भारत की तौहीन होती।

ऐसा ही अनुभव एक बार और हुआ। कविता पढ़ाते हुए ध्वनि पर बात चल रही थी। एक लड़के ने अद्भुत सवाल किया, उसने कहा कि क्या हम ध्वनि के बारे में इस तरह कह सकते हैं कि जैसे पेड़ की छाया सूरज के साथ-साथ घूमती रहती है, वैसे ही शब्दों के साथ अर्थ घूमते रहते हैं। यह जिज्ञासा उस लड़के की दंग कर देने वाली सृजनात्मकता थी, जिसने मुझे उसका कायल कर दिया। ये दोनों उदाहरण कक्षा में संवाद के अवसर के नतीजे थे। उस लड़के और चेरापूँजी के उन बच्चों को यह अवसर मिल रहा था कि वे अपनी सोच और अनुभवों को कक्षा में खोल सकें। बच्चों से दोस्ताना अन्दाज़ में होने वाला संवाद ही ताज़ा और नया सोचने में मददगार होता है। इन अनुभवों से यह विश्वास और सघन हुआ कि—

हर चीज़ बदलती है
अपनी हर आखिरी साँस के साथ
तुम एक ताज़ा शुरुआत कर सकते हो।

चटखारे का साहित्य

धर्मवीर भारती की पत्नी पुष्पा भारती ने एक लेख में आत्मकथा लेखन की सचाई पर प्रश्न खड़ा किया है। इस तरह के लेखन का दायरा बहुत बड़ा है। इसमें संस्मरण, पत्र, डायरी आदि भी शामिल किये जा सकते हैं। मगर आत्मकथा लेखन के नाम पर इन दिनों पत्र-पत्रिकाओं में एक नये किस्म का साहित्य बेरोक-टोक पनप रहा है। इसे चटखारा लेखन कहना ज़्यादा अच्छा रहेगा। यह रुझान भला क्यों न पनपे? इसे सींचने वाले बहुतेरे हैं। पुष्पा जी ने जो सवाल उठाया है वह मेरे मन को भी अरसे से मथ रहा था। हालाँकि जिस रचनाकार के कथन पर यह सवाल उठा है, वह संजीदा लेखिका हैं और मेरी प्रिय भी। वे खुद ऐसी लेखनी की मार झेल चुकी हैं। इसीलिए यह और ज़रूरी हो जाता है कि इस मुद्दे पर बात हो। इस ताज़ा विवाद के पीछे के सच-झूठ से मैं वाकिफ़ नहीं हूँ और न इसे जानना चाहती हूँ। बहस का मुद्दा दरअसल यह होना चाहिए कि क्या ऐसे लेखन को साहित्य कहा जा सकता है? यह बात भी उठनी चाहिए कि पाठकों में यह विवेक कैसे विकसित हो कि वे लेखक के व्यक्तित्व के बजाय साहित्य की गुणवत्ता को तवज्जो दें।

इधर इस तरह का चटखारा लेखन कभी पत्रों में, कभी संस्मरणों और साक्षात्कारों में तो कभी डायरियों में खूब लिखा गया। यह खासतौर से युवा पीढ़ी में चर्चित भी रहा। लगता है कि इस तरह का लेखन करने वालों को चर्चित और बिकाऊ लेखक बनने का सुगम रास्ता दिखायी दे गया है। होता यह है कि जब कोई पति पत्नी पर या कोई लेखक अपने परिवार और आसपास वालों पर लिखता है तो पढ़ने वालों के लिए विश्वास न करने का कोई कारण नहीं रह जाता। हमारी शिक्षा पद्धति में साहित्य के इतिहास को पढ़ने और पढ़ाने की ऐसी अजीब परम्परा रही है जिसमें लेखन और उसके समय से ज़्यादा महत्त्व लेखक और उसके जीवन का हो जाता है। हमारे विद्यालयों और खासतौर से विश्वविद्यालयों में यह पाठ-परम्परा अब भी कायम है। यह सवाल उठाया जाना चाहिए कि साहित्य को पढ़ने की इस परम्परा में तब्दीली कैसे आ सकती है?

डार्विन ने जीव के विकास के सिद्धान्त में यह कहा है कि वे ही जीव या जातियाँ अधिक समय तक बची रहती हैं जिनमें अपने आसपास हो रहे परिवर्तनों को सहने

या पचा लेने की क्षमता होती है। अगर साहित्य के क्षेत्र में इसे लागू किया जाए तो कौन-सा लेखन साहित्य के इतिहास में दर्ज होगा? विवादों का साहित्य ज़्यादा ज़रूरी है या साहित्य के विवाद?

मुझे अरुण कमल का लिखा 'आलोचना' का एक सम्पादकीय लेख याद आ रहा है। उन्होंने लिखा था—'ऐसा अक्सर लगता है कि आजकल हमारे साहित्य जगत् में, रचना और विचारों के प्रति उदासीनता है। श्रेष्ठ रचना और ख़राब लेखन के बीच का अन्तर धुँधला हो रहा है और कई बार तो जो रचना हीनतर है वही श्रेष्ठ होने का दम्भ और दावा करती है। इस वातावरण को बनाने और बनाये रखने में जितना हाथ व्यावसायिक या उपार्जक पत्रिकाओं के स्तम्भकारों का है, उससे कम उन आलोचकों-लेखकों का नहीं जो वाद-विवाद के अपवाद भय से मूक रहने में अपनी सज्जनता समझते हैं। कुछ भी ऊटपटाँग बोलने के लिए किसी तैयारी या समझ की ज़रूरत नहीं होती। लेकिन इसका खण्डन हर बार एक गम्भीर आलोचक को साहित्य और श्रेष्ठता के मूल प्रश्नों की ओर ले जाता है।'

साहित्य की दुनिया की विडम्बना यह है कि जैसे-जैसे चटखारे की प्रवृत्ति पाँव पसारती जा रही है वैसे-वैसे इस रुझान की आलोचना निष्क्रिय होती जा रही है। सवाल यह है कि जो श्रेष्ठ रचना नहीं है, उसे श्रेष्ठता का आसन पाने देना क्या आलोचना की विफलता नहीं है।

ऐसे में क्या हम साहित्य के आलोचकों, रचनाकारों और प्रकाशकों से यह उम्मीद कर सकते हैं कि साहित्य के भेष में सामने आ रहे विवादों को परखने की और उन पर टिप्पणी करने की जिम्मेदारी वे उठाएँगे? अब सारा दारोमदार उन पर है। उन्हें अपनी आने वाली पीढ़ी के सामने न केवल बेहतर साहित्य रखना होगा, बल्कि उनके भीतर बेहतर साहित्य को चुनने का विवेक भी पैदा करना होगा। नहीं तो नयी और आने वाली पीढ़ी के साहित्यिक संस्कार पर सवाल करने का उन्हें कोई हक नहीं होगा। आलोचक हमारे समय और समाज में दिनोंदिन बढ़ती शब्दशून्यता की जिम्मेदारी से बच नहीं सकते। यह दायित्व उन्हें निभाना ही होगा। अगर हम 'पाश' के शब्दों में कहें तो—*'मेरे ज़ेहन के खुले दराज में/इससे पहले कि मेरे ज़ेहन में मौजूद तमाम अधूरी सूचनाएँ/किसी सिद्धान्त में बदलें, उन्हें जला दें/उनके न जलने में बहुत ख़तरा है।'*

राजा बाबू की मुस्कान

लम्बे समय से हमारी शिक्षा-पद्धति में पढ़ने और समझने के बीच कोई तालमेल नहीं था। बच्ची जब स्कूल आती थी तो सबसे पहले उसे चुप बैठने की शिक्षा दी जाती थी। किताबों तक पहुँचने के लिए उसे लम्बा रास्ता तय करना होता था। शुरू-शुरू में बिना किसी सन्दर्भ के कुछ अर्थहीन आकृतियाँ रटायी जाती थीं। फिर बिना मात्राओं के कुछ दूसरी दुनिया के शब्दों से उसका परिचय होता था। तब कहीं जाकर वाक्यों की बारी आती थी। इस लम्बी प्रक्रिया के दौरान काफ़ी लम्बा समय गुज़र चुका होता था। तब तक बच्ची ऊब कर या तो स्कूल आना बन्द कर देती थी या फिर स्कूल के भीतर ही उस पूरी पढ़ाई से अलग मन ही मन एक नयी दुनिया में पहुँच चुकी होती थी। इसकी ख़बर वह स्कूल और उसके मास्टर या फिर उसके माता-पिता को भी कतई नहीं होने देती। स्कूल उसे हमेशा के लिए कमज़ोर बुद्धि का घोषित कर देता था।

लेकिन इधर एक बदलाव आया है। एनसीईआरटी ने समझ कर पढ़ने की दिशा में एक पहल की है। यहाँ बच्चों के लिए अच्छी किताबों का एक अभाव-सा रहा है। इस अभाव को कुछ कम करते हुए बच्चों के आस-पास सन्दर्भ युक्त वाक्यों वाली रुचिकर किताबें पहुँचाने की पहल हुई है। इस कोशिश में एनसीईआरटी ने बरखा शृंखला पुस्तक माला के अन्तर्गत चालीस किताबें तैयार की हैं। ये किताबें प्रयोग के तौर पर मथुरा ज़िले के लगभग पाँच सौ स्कूलों में पहुँच चुकी हैं। किताब कैसे पढ़ायी जाए, कक्षा की शुरुआत कैसे हो, कक्षा में ही एक पढ़ने का कोना तैयार हो—इन सब बातों को ध्यान में रखते हुए बार-बार अध्यापकों को प्रशिक्षित भी किया गया है। गाँवों में बाल पुस्तक मेले भी लगाये गये हैं। ज़ाहिर है इससे पढ़ने की समझ को लेकर एक क्रान्तिकारी बदलाव आया है। मैंने इस बदलाव को बड़े करीब से महसूस किया है। मथुरा के गाँव में जाकर प्राथमिक स्कूलों को जानने का अनुभव मेरे लिए बहुत रोमांचक था।

मैं पहली बार मथुरा के प्राइमरी स्कूल की यात्रा पर थी। हम जब चले तो सुबह की नमी और ठण्डी हवा दोनों साथ में थे। मथुरा के फरह ब्लाक के दौलतपुर पर पहुँचते-पहुँचते तपिश बढ़ने लगी। स्कूल में पंखे थे पर बिजली नहीं थी। हमारे साथ

रीडिंग सेल की पूरी टीम थी। हम सुबह-सुबह मथुरा के कई गाँवों के बीच से होते हुए उस स्कूल की ओर जा रहे थे। गाँव के बच्चे बाँहों में बस्ता दबाये (नंगे पाँव भी) जल्दी-जल्दी पैर बढ़ा रहे थे—निराला की कविता 'जल्द-जल्द पैर बढ़ाओ' की तरह। इस भीषण गर्मी में वहाँ तक पहुँचना थोड़ा कष्टकर था। पर वहाँ पहुँचकर कष्ट जाता रहा। स्कूल का भवन ठीक-ठाक बना हुआ था। नागार्जुन की कुछ पंक्तियाँ याद आयीं जो उन्होंने बहुत पहले लिखी थीं—

घुन खाये शहतीरों पर की,
बाराखड़ी विधाता बाँचे
फटी भीत है, छत चूती है,
आले पर बिसतुइया नाचे
बरसाकर बेबस बच्चों पर
मिनट-मिनट में पाँच तमाचे
दुखरन मास्टर गढ़ते हैं
किसी तरह आदम के साँचे...

यहाँ न तो आला थी न उस पर बिसतुइया (छिपकली) और न ही दुखरन मास्टर। यहाँ के दुखरन मास्टर तो बाराखड़ी नहीं, पूरी की पूरी कहानी और कविता कक्षा एक और दो के बच्चों को पढ़ा रहे थे और बच्चे पूरा-पूरा वाक्य बना रहे थे। यहाँ कक्षा की शुरुआत सूक्तिवाक्य या नीतिवाक्य या किसी और के शब्दों से नहीं, बल्कि बच्चों के अपने शब्दों से हो रही थी जिसमें हर बच्चा अपने आपको देखना चाहता था। एक बच्चे ने अपने नाम के साथ वाक्य बनाया—'शेखर अपने जीजा की शादी में गया था।' सबके मन में सवाल था—उसने दीदी की शादी क्यों नहीं कहा? शेखर के बारे में जानने का मन मेरा ही नहीं, सबका हुआ। उसके वाक्य में प्रयुक्त शब्दों से पूरी कक्षा आपस में जुड़ रही थी। बच्चे अपनी कहानी बना रहे थे। अध्यापिका की आँखों में चमक थी और बच्चों की बातों में ललक। उतावले हो-होकर सब अपनी बात कहना चाहते थे। कोई झिझक, डर या स्कूल का आतंक नहीं दिखायी पड़ रहा था। ज़ाहिर है यह शब्दों को समझकर अपनाने की चमक थी जो उन्हें स्वच्छन्द कर रही थी।

अध्यापिका बता रही थीं—यह राजाबाबू है। यह मानसिक रूप से कमज़ोर है। पर जबसे स्कूल में किताबें आयी हैं और पढ़ने का तौर-तरीका बदला है, सार्थक शब्दों से कक्षा की शुरुआत हुई है, तबसे इस बच्चे की पढ़ने और लिखने की गति तेज़ हुई है। वह पूरी की पूरी कहानी 'चिमटी का फूल' पढ़ कर सुना रहा था विश्वास से भरकर। छोटी-सी लड़की सपना अपनी और अपनी दीदी की बात कहना चाह रही थी। हर बच्चा ब्लैकबोर्ड पर अपना नाम देखना चाहता था। एक बच्चा प्रदीप कह रहा था 'मुझे पढ़ना अच्छा लगता है।' मैंने पूछा—'खेलना अच्छा नहीं लगता?'

'...लगता है पर स्कूल में आकर पढ़ना भी अच्छा लगता है।' उसकी बातें सुनकर एक बार लगा कि अध्यापक और घर वालों ने ऐसा ही कहने को कहा होगा। पर बच्चों के घर वालों से मिलकर उसकी बातों पर विश्वास करने का मन हुआ। कई बच्चों की माँ और उनके परिजन कह रहे थे—'जबसे स्कूल में नयी किताबें आयी हैं, बच्चे स्कूल जाना चाहते हैं।' अध्यापक कह रहे थे, 'तीसरी कक्षा के बच्चों का ध्यान पहली और दूसरी कक्षा की ओर लगा रहता है। पहली और दूसरी के बच्चों को गर्व होता है कि बड़े बच्चे उनकी किताबें पढ़ना चाहते हैं। इन सब बातों के साथ-साथ जो मुझे साफ-साफ दिख रहा था, वह यह कि वहाँ पर झिझक के दबाव अब बेझिझक उत्साह और खुलेपन में बदल रहे थे। यह एक बड़े बदलाव की शुरुआत थी पर यह सब कुछ मेरे लिए सपने जैसा था। सपना ही तो था क्योंकि जब हम लोग मथुरा के दूसरे ब्लाक के ऐसे ही एक दूसरे स्कूल में गये जहाँ नयी किताबें और रीडिंग कार्नर या पढ़ने की समझ जैसी बातें अभी पहुँची नहीं थीं, वहाँ स्थिति बिल्कुल अलग थी। बच्चे अटक-अटक कर पढ़ रहे थे। पढ़ते हुए डर भी रहे थे। 'सबसे पहले हम लिखेंगे' वाला उत्साह और ललक यहाँ नहीं थी। अध्यापक मेहनती थे पर उन्हें न तो कोई सामग्री मिलती है और न ही पढ़ने-पढ़ाने के नये तौर-तरीकों का कोई पता है। सम्भवतः अध्यापकों की कोई कोशिश हुई भी हो पर स्कूली व्यवस्था में उनकी कोशिश 'फिट' नहीं हुई होगी। अगर ऐसे स्कूलों और उनके अध्यापकों को भी अवसर मिले तो बहुत कुछ बदल सकता है। देश के अन्तिम गाँव के अन्तिम बच्चे के हाथों में किताबें होंगी और होठों पर अपने शब्द।

मैं फिर लौट आयी राजा बाबू के पास। राजा बाबू लिख रहा था और साथ-साथ और बच्चे भी लिख रहे थे अपने शब्द। मैंने पूछा—'राजाबाबू, आप लिख सकते हो?' वह मुस्कराया। मुझे टॉलस्टॉय के स्कूल के बच्चे याद आये। याद आया टॉलस्टॉय का एक अनुभव। उन्होंने अपने स्कूल में बच्चों से कहा कि 'आज सभी लोग कहानी लिखेंगे'। पर बच्चों की शर्त थी 'आप भी हमारे साथ लिखेंगे'। टॉलस्टॉय ने शर्त मंजूर कर ली और सब लिखने लगे। आगे उन्होंने लिखा है—बच्चे कनखियों से देख रहे थे और मुस्करा रहे थे। जैसे कह रहे हों—यह बुड्ढा क्या लिखेगा? मुझे राजाबाबू की मुस्कान टॉलस्टॉय के स्कूल के बच्चों से बहुत मिलती-जुलती लगी।

गाँधी से एक वादा

मेरे सामने महात्मा गाँधी का एक वाक्य है—'अगर हम विश्व को वास्तविक शान्ति का पाठ पढ़ाना चाहते हैं तो हमें शुरुआत बच्चों से करनी होगी।' हाल में ऐसा बहुत कुछ घटा है जिससे लगभग सात दशक पहले कही गयी गाँधी की इस बात को पूरे विश्व ने बार-बार याद किया। एक ओर ऐसे कई हादसे हुए जिससे हमारे युवा होते बच्चों के कदम डगमगा गये। दूसरी ओर पिछले पाँच दशक में ऐसा भी बहुत कुछ हुआ जिससे कई बार शान्ति के लिए शिक्षा की बात पुरजोर तरीके से उठायी जाती रही। जिनमें यूनेस्को की सिफ़ारिशें (1974) और उसकी योजनाएँ (1994), जिसे कई देशों की स्वीकृति मिली, महत्त्वपूर्ण हैं। यूनेस्को ने सन् 2000 से 2010 के बच्चों के लिए शान्ति और अहिंसा की संस्कृति को बढ़ावा देने वाला अन्तरराष्ट्रीय दशक घोषित किया। 2005 में जब राष्ट्रीय पाठ्यचर्या की रूपरेखा बनायी गयी तो उसके केन्द्र में गाँधी का कथन ही रहा। पूरे देश में इस पर बहसें हुईं। कुछ घोषणाएँ हुईं। लेकिन हमारे स्कूल और विश्वविद्यालय अपने ढर्रे पर ही चलते रहे। नतीजा सामने है। आये दिन होती हिंसा की ख़बरों ने अख़बार और चैनलों में स्थायी जगह बना ली है। इनमें छोटे बच्चे और किशोरों द्वारा किये जाने वाली हिंसा की ख़बरें चौंकाने वाली होती हैं।

कुछ ऐसे संस्थानों का ज़िक्र ज़रूरी है, जहाँ हिंसा को पनपने का भरपूर अवसर दिया जा रहा है। दिल्ली का एक जाना-माना स्कूल है। यहाँ मध्य और उच्चवर्गीय परिवारों के बच्चे पढ़ते हैं। यहाँ के एक कमरे में दसवीं कक्षा की पढ़ाई चल रही है। सभी बच्चे टाई, कमीज, पतलून और कोट पहने हुए हैं। लेकिन हैरत यह देख कर हुई कि—बच्चों ने दो अलग-अलग रंगों के कोट पहन रखे हैं। कुछ के कोट में बिल्ले लगे हैं। ज़ाहिर है इतने महँगे स्कूल में पढ़ने वाले इन बच्चों में यूनिफार्म कहे जाने वाले कपड़ों की इस भिन्नता का कारण आर्थिक अभाव तो बिल्कुल नहीं था। तो फिर ऐसा भेदभाव क्यों?

जानकर हैरत होगी कि यह वस्त्र-भेद स्कूल की उपलब्धियों को गिनाने का ऐसा अमानवीय तरीका है, जो एक तरह की सजा है। इसका अर्थ है कि एक खास रंग वाले कोट को पहनने का अधिकार केवल उन बच्चों को है जो अस्सी फीसद

से अधिक अंक लेकर बैठे हैं। क्या कोट की यह भिन्नता मात्र अस्सी फीसद से ऊपर और नीचे का सवाल था? नहीं, यह वस्त्रों को सजा के तौर पर जानबूझ कर पहनाया गया रंगभेद कक्षा को मात्र ऊपर-ऊपर से ही नहीं विभाजित कर रहा था, यह उनको भीतर ही भीतर मानसिक रूप से विभाजित और अपमानित कर रहा था।

स्कूल इसे उपलब्धियाँ गिनाने के एक जरिया की तरह कैसे देख सकता है? मुझे नहीं लगता कि हज़ारों बच्चों को शिक्षित करने का वादा करने वाले संस्थान सामान्य बाल मनोविज्ञान भी नहीं समझते कि धीरे-धीरे बच्चों के बीच पसरती यह कुण्ठा न केवल उनके पूरे व्यक्तित्व को प्रभावित करेगी, बल्कि उन्हें हिंसा की राह पर भी ले जाएगी। 'अंकों का बिल्ला' लगाये बच्चों के दो वर्ग बन गये थे। एक इस गर्व को लिए हुए पढ़-बढ़ रहा था कि वह दूसरों से श्रेष्ठ है, तो दूसरा वर्ग इस कुण्ठा के साथ कि वह दूसरों से कमतर है। एक ही कक्षा के भीतर का यह विभाजन कैसे व्यक्तित्व का निर्माण करेगा? दो रंगों में बँटी एक कक्षा एक मुकम्मल मनुष्य का निर्माण कैसे कर सकेगी?

यह सब ऐसे समय में हो रहा है जब देश में शिक्षा को लेकर बदलाव हो रहे हैं। शिक्षा का अधिकार कानून के तहत हर बच्चे के पढ़ने के अधिकार की बात हो रही है। बच्चों की रचनात्मकता को जगह देने और उनका मानसिक बोझ कम करने के लिए सतत और समग्र मूल्यांकन की बात अब लागू हो चुकी है। मूल्यांकन के नये मापदण्ड निर्धारित किये जा रहे हैं। ग्रेडिंग प्रणाली लागू हो चुकी है ताकि बच्चों का तनाव कम हो। लेकिन ऐसे माहौल में पढ़ते-बढ़ते रंगभेद के शिकार इन बच्चों की कुण्ठा को आक्रामक होने से कौन रोक सकता है?

अब एक दूसरे संस्थान की बात करते हैं। गेट पर कुछ लड़के खड़े थे। उनमें से एक बेहद ग़ुस्से में था। उसके साथी भी उसका साथ दे रहे थे। अगर इस वक़्त उनके हाथों में हथियार होता तो वे दिमाग़ के इशारे का इन्तज़ार नहीं करते, चल पड़ते। मैं उनमें से एक को थोड़ा जानती थी। पता चला वे एक केन्द्रीय विश्वविद्यालय से जुड़े निजी संस्थान में पढ़ते हैं। वह लड़का उपस्थिति के मामले में प्राध्यापक की मनमानी का शिकार हो गया था। उसे परीक्षा में बैठने से रोक दिया गया था। सभी संस्थान अपने-अपने ढंग से साल भर की उपस्थिति रजिस्टर में दर्ज करते हैं और उसी के आधार पर परीक्षा में बैठने का अधिकार तय होता है। कई बार तो यह अधिकार प्राध्यापकों को अचानक दारोगा बना देता है। उन्हें समझाने की कोशिश की। मीडिया या अन्य माध्यमों से सच को सामने लाने की बात उन्हें और उनके घरवालों को नहीं जँची।

उन्हें डर था नतीजा और बुरा न हो जाए। हुआ भी ऐसा ही। बाद में पता चला उसे न केवल परीक्षा देने से रोका गया, बल्कि पूरे साल उसी कक्षा में रहने के लिए बाध्य कर दिया गया था। उसके सभी साथी संस्थान और उनके प्राध्यापक

से बदला लेने की नयी-नयी तरकीबें ढूँढ़ने लगे। ज़ाहिर है उन तरकीबों का वास्ता दूर-दूर तक शान्ति से नहीं था।

जिस शिक्षा व्यवस्था में परीक्षा तनावों भरा एक खौफ़नाक हादसा है, वहाँ बच्चे अपने आपको इसका सामना कर सकने को तैयार कर लेते हैं तो उसे कहा जाता है कि अपमानित होते हुए इन्तज़ार करो। तबतक जबतक तुम्हारी रगों में उबलता खून छलक न पड़े। दुनिया का कोई कानून किसी को अगला क़दम उठाने से रोकने की बात नहीं करता। तो क्या संस्थानों की यह मनमानी अपराध नहीं है? एक ऐसा अपराध जो बेगुनाहों को अपराधी बनाने की राह पर खड़ा कर देता है।

अभी कुछ समय पहले सुप्रीम कोर्ट का एक फैसला आया था जिसे मानवीय कानून के पहल की तरह देखा जाना चाहिए—'हमारा गणतन्त्र अपने ही बच्चों को बेरहमी से मार नहीं सकता।' यह वाक्य एक विश्वास भरता है कि अब भी बची है मनुष्यता। एक ऐसा विश्वास जो कुछ और विश्वासों पर विश्वास करने का भरोसा देता है। क्या हम उम्मीद करें कि शिक्षण संस्थानों में रोज़-रोज़ होते मानसिक उत्पीड़न और कुण्ठा से धीरे-धीरे हिंसा की राह पकड़ते बच्चों के लिए भी कुछ ऐसा कानून आ सकता है? क्या हम ऐसा सोच सकते हैं कि शिक्षण संस्थानों पर ऐसे मनमाने रवैये पर अंकुश के लिए समाज, सरकार और कानून की निगरानी होगी? क्या हम गाँधी से बच्चों को शान्ति की ओर ले जाने का एक वादा कर सकते हैं?

आदमी में नुक्स है

बचपन में पिंजरा खुला देख मेरा मन बेचैन हो जाता—'पिंजरा खुला है, सुग्गा उड़ जाएगा।' पर मेरी इया ने दुनिया देखी थी। वह कहती—'सुग्गा अब नहीं उड़ पाएगा। भूल गया है उड़ना।' उस समय उनकी यह बात मुझे समझ में नहीं आती थी। मेरा मन तो बस यह जानता था कि परिन्दा हो या इंसान, उसमें आज़ाद होने की चाह अन्तिम साँस तक रहती है। ज्यों-ज्यों बड़ी हुई, मेरा यह विश्वास और बड़ा हुआ। पर इधर यह सच दो नये रूपों में मेरे सामने आया। अपने आसपास ऐसे लोगों की तादाद में इजाफा होते देख रही हूँ जो आज़ादी को शक की निगाह से देखते हैं। बन्धन उन्हें सहज लगता है। यह असहज सहजता उन्हें हर अगला क़दम उठाने से रोकती है। मन का खाते हैं, मन का पहनते हैं, पर अपने मन से सोचते नहीं। अपने सोच के बगैर जीना इनकी आदत का हिस्सा बन चुका है। कुछ भी करने के लिए किसी कड़कदार इशारे का इन्तज़ार रहता है। यह विश्वास भी जाता रहा कि उनका पहला क़दम किसी मंज़िल के निशान बना सकता है। ये वही लोग हैं जिन्होंने अपने लिए यह मुहावरा चुन रखा है कि 'फ़र्क नहीं पड़ता।' यह स्थिति हैरान करती है। पर सोचना होगा कि ऐसा क्यों हुआ?

दूसरी ओर मक़बूल शाह, 1996 में हुए लाजपतनगर बम काण्ड से मुक्त आरोपी जैसे लोग हैं जिन्हें जेल से मुक्त होकर भी लगता है—'यह आज़ादी भी किसी बोझ से कम नहीं।' चौदह साल से क़ैद में रहते-रहते वह शख़्स अपने आप चलना भूल चुका है। उसका दिमाग़ इशारों का इन्तज़ार करता है। वह कहता है—'मैं खुद नहीं चल सकता। सालों से बिना किसी सहारे के मैं चला नहीं। आज मेरी हालत एक बन्दर की तरह हो गयी है, जो इशारे पर चलने का आदी हो गया है। रिहाई का इन्तज़ार करते-करते मेरे पिता और बहन की मौत हो गयी। वह मुझसे अन्तिम बार मिलने तिहाड़ जेल आयी थी। लेकिन फ़ोन पर ही बात हो पायी। वह मेरा हाथ चाहती थी। लेकिन ऐसा नहीं हो सका। मैं उस लम्हे को हर रोज़ याद करता हूँ।'

यह कहानी पढ़कर मुझे बचपन की बातें, सुग्गा, पिंजरा, उड़ान और इया के मायने, सब याद आये। मक़बूल शाह की दिल दहला देने वाली ये बातें हमारे कानून के अन्धेपन को भी दोहराती हैं। बिना किसी ज़ुर्म के शक की बिना पर नौजवानों

की जिन्दगियाँ बेरंग कर देने में हमारा कानून माहिर है। देश भर के कई जेल ऐसे बेगुनाहों से भरे पड़े हैं जो आज़ादी की प्रतीक्षा में हैं। देश के किसी कोने में बम फटते हैं तो कुछ युवा फँसते हैं! अपने लिए, घर के लिए ज़ाहिर है, देश के लिए भी कुछ सपने सँजोये ये जब रिहा होते हैं तो आधी उम्र ग़ुजर चुकी होती है। वर्षों के इन्तज़ार के बाद रिहाई या तो इन्हें अपराध के दलदल तक ले जाती है, या फिर मक़बूल शाह की तरह ज़िन्दा लाश बना देती है।

ये वाकये अपनी प्रकृति में भिन्न हैं। पर मुझे दोनों के तार एक-दूसरे से जुड़े लगते हैं। एक ओर मक़बूल शाह जेल में रहते हुए अपने रोजाना के काम के लिए भी दूसरों पर आश्रित हो चुका है। उसके दिल और दिमाग़ में कोई हरकत नहीं होती। वह किसी और की उँगली के इशारे ही समझता है। वह एक मशीन की तरह आदेश का इन्तज़ार करता है। दूसरी ओर, हमारे जाने-पहचाने अपने लोग और हम भी जो अपने ही दिलोदिमाग़ के इशारे सुनना भूल गये हैं, हमें अपनी ही आवाज़ सुनाई नहीं पड़ती। बताये गये रास्तों पर चलना हमें अच्छा और सहज लगता है। इस हद तक कि हर पहलकदमी ग़ैरज़रूरी लगती है। नये क़दमों की आहट हमें डराती है। पिंजरा खुला है, पर उड़ना भूल गये।

ये बातें हमें चौंकाती हैं। शायद इसलिए कि हम आज़ाद देश के नागरिक हैं। हमारा अपना संविधान है। जो हमें अपने अधिकार और कर्तव्यों से वाक़िफ़ कराता है। हमारा अपना कानून है, जो हमें सुरक्षित और शान्तिपूर्ण जिन्दगी देने का भरोसा दिलाता है। पर यह भरोसा तमाम लच्छेदार शब्दों की तरह शब्दकोश में क़ैद है। इन्हें मुक्त करना होगा।

ये वाकये इस ओर भी इशारा करते हैं कि हमारी शुरुआती शिक्षा में कहीं कसर रह गयी है। हमारी स्कूली शिक्षा इशारों पर उठने-बैठने, कहने-सुनने, लिखने, यहाँ तक कि सोचने के लिए हमें तैयार करती रही है। हमारी संवेदना बुझ गयी। इस तरह कि अब हमसे ही हमारी इन्द्रियाँ गलतबयानी करती हैं। दिखता कुछ है, दिल और दिमाग़ कुछ और दर्ज करते हैं। अन्याय देखकर होंठ नहीं खुलते। चुप्पी सभ्य समाज की पहचान बन गयी है।

मगर नयी शिक्षा बच्चों की अपनी बात, अपना नजरिया, उनकी सृजनात्मक और मौलिकता को भरपूर जगह देती है। चुप्पी की संस्कृति अब स्कूलों से बेदखल हो रही है। यह जारी रहा तो उम्मीद है कि आने वाली पीढ़ी अपने दिलोदिमाग़ को कल-पुर्जा नहीं बनने देगी। वह अपने आसपास संवेदनशील दुनिया रचेगी। आने वाला कल शायद ऐसा हो, जहाँ न्याय के इन्तज़ार में कोई बहन भाई से मिलने, उसे स्पर्श करने की इच्छा लिए इस दुनिया से नहीं जाएगी और ब्रेष्ट का यह भरोसा बना रहेगा कि 'आदमी में एक नुक्स है, वह सोच सकता है।'

कविता को पढ़ते हुए

साधो जग बौराना

नयी सदी का लगभग दूसरा दशक बीत रहा है। लेकिन आज भी धर्म और जाति के नाम पर आये दिन होनेवाले अत्याचार, हत्याएँ यह सोचने पर बाध्य करते हैं कि आखिर कब तक कबीर इन्हीं अर्थों में प्रासंगिक बने रहेंगे? कब तक हम यह कहकर उन्हें सम्मानित करते रहेंगे कि उनकी कविता आज भी सार्थक है या समय की माँग है? अगर ऐसा है—और निश्चय ही है—तो यह दुःखद है, अत्यन्त दुःखद है। दरअसल, आज ज़रूरत इस बात की है कि एक ऐसी दुनिया बनायी जाए जहाँ कबीर की कविता अप्रासंगिक हो जाए। सही मायने में तभी कबीर प्रासंगिक होंगे। क्या कभी कबीर ने यह सोचा होगा कि सैकड़ों वर्षों बाद भी मनुष्यता वैसे ही संकट में होगी जैसी उनके समय में थी। आज न केवल भारत बल्कि पूरे विश्व में साम्प्रदायिक ताकतें जिस तरह से एक बार फिर सिर उठा रही हैं, उससे उबरने का कोई रास्ता नज़र नहीं आ रहा है। मध्य युग की तरह आज भी चारों ओर युद्धों की गरज हो रही है। आज भी रक्त की वर्षा हो रही है, हिंसा और विध्वंस की बिजलियाँ कड़क रही हैं। इस अन्धकारग्रस्त युद्धमय वातावरण का सामना करने के लिए कबीर फिर एक बार सूरज बन सकते हैं, उनकी वाणी औजार बन सकती है—बशर्ते उनकी परख बिना किसी भेदभाव, बिना किसी मत-मतान्तर, बिना किसी धर्म-अधर्म, बिना किसी पाखण्ड, बिना किसी वाद-झगड़े में पड़े की जाय। जबकि कबीर अपने आपको विवेकशील आम मनुष्य की भूमिका में रहने देना चाहते हैं। इसीलिए वे सम्पूर्ण सांसारिक कर्म करते हुए भी उससे अलिप्त हैं—

ना मैं धर्मी नाहिं अधर्मी, ना मैं जती न कामी हो।
ना मैं कहता ना मैं सुनता, ना मैं सेवक-स्वामी हो।
ना मैं बँधा ना मैं मुक्ता, ना मैं बिरत न रंगी हो।
ना काहू से न्यारा हूआ, ना काहू के संगी हो।
ना हम नरक-लोक को जाते, ना हम सुर्ग सिधारे हो।
सब ही कर्म हमारा कीया, हम कर्मन तें न्यारे हो।
या मत को कोई बिरलै बूझै, सो अटर हो बैठे हो।
मत कबीर काहू को थापै, मत काहू को मेटे हो।।

'हम कर्मन तें न्यारे' होने के लिए कबीर की तरह बीच बाज़ार में हाथ में लुकाठी लेकर खड़े होना होगा। वास्तव में वही कबीर के मत को बूझ सकता है।

कबीर के आलोचक कबीर के साथ, उनके शब्दों के साथ विवेक नही कर रहे हैं। सामान्यतः विद्वानों ने मूल कबीर को समझे बिना उनके भीतर रामानन्दी क़बीर को ही देखने का प्रयास किया है। अली सरदार जाफ़री जैसा प्रगतिशील दृष्टिकोण का लेखक भी यह कह देता है—'चूँकि उन्होंने अपने आपको बार-बार जुलाहा कहा है, इसलिए यह यकीन के साथ कहा जा सकता है कि उन्होंने इसलाम का परित्याग नहीं किया था और वे एक मुसलमान सूफ़ी थे।'

इसी तरह कबीर के आलोचकों के आलोचक डॉ. धर्मवीर कहते हैं, 'कबीर ने दलित जातियों को मुसलमानों और हिन्दुओं के दोहरे आक्रमणों से बचाया था।' या फिर 'इसलाम और इसाई धर्म उतने अहिन्दू नहीं हैं जितना कबीर का धर्म अहिन्दू है।' इसी तरह पण्डित लोग उन्हें ब्राह्मणी का पुत्र सिद्ध करने पर तुले हुए हैं। कहने की आवश्यकता नहीं कि ये सारे विचार पूर्वग्रह से मुक्त नहीं हैं।

इसीलिए हाँ, इसीलिए मेरे मन में यह सवाल छोटे से बड़ा हुआ है—कबीर क्या हैं? क्या सबके अपने-अपने राम की तरह अपने-अपने कबीर भी हैं?

कबीर की कविता से साक्षात्कार करते हुए लगता है कि उन्होंने मनुष्य को सांसारिक मार्गवाले धर्म की ओर ले जाना चाहा। कोई हिन्दू या मुसलमान उस धर्म से बच नहीं सकता। यह कबीर के जीवन-ध्येय का रचनात्मक पहलू था—और उनके ध्येय का विध्वंसात्मक पहलू था पाखण्ड और आडम्बरों के झाड़-झंखाड़ को दूर कर नये मार्ग का निर्माण करना।

कबीर कर्मवीर सन्त थे। जुलाहे का काम करके अपना और अपने परिवार का पालन-पोषण कर रहे थे। इसलिए उनको अपने जुलाहा होने पर गर्व था। अली सरदार जाफ़री जिससे उनके मुसलमानत्व को सिद्ध करते हैं, वह कबीर के श्रमिक वर्ग में होने का गर्व और आत्म-परिचय था। इसीलिए लगता है कि जब वे बार-बार 'मैं जुलहा' कहते हैं तो वहाँ जाति विशेष जुलाहा नहीं, कर्म विशेष जुलाहा ही महत्त्वपूर्ण है। उन्होंने अपने लक्ष्य समाज को इसी कर्म के गौरव से परिचित कराना चाहा था। यह तबतक नहीं हो सकता जबतक कि 'सबद-बार उर अन्तर' में नहीं लग जाता। कबीर अपने समय के शिक्षित व्यक्ति थे। भले ही विद्वानों ने यह सिद्ध करने की कोशिश की है कि वे निरक्षर थे। कबीर बानी को पढ़ने से ऐसा कहीं से नहीं लगता। उनका लक्ष्य समाज, आम मानव था, इसीलिए उनसे उन्हीं की भाषा में संवाद किया है। जो समाज 'छापा तिलक लगाइ बाँस चढ़, हो रहा जग से न्यारा' के मायाजाल में उलझा हुआ है, उस 'भूले' को घर लानेवाला जन कबीर को प्रिय है। घर-घर दीपक जलानेवाला वह जन सांसारिक शिक्षा और प्रेम का ही रूप होगा। क्योंकि प्रेम के अभाव में जो शिक्षा विकसित होती है वह 'पत्थर' या 'ईंट' की तरह

जड़ और अपरिवर्तनीय होती है। और उसमें दाग तथा छींटों की कमी नहीं होती–

पढ़ि पढ़ि के पत्थर भया, लिखि लिखि भया जु ईंट।
कहै कबीरा प्रेम की, लागी न एकौ छींट।।

उन्हें यह विश्वास था कि कर्मकाण्डों और ढकोसलों में फँसी हुई जनता आत्मचेतस होकर ही पण्डितों और मुल्लाओं से मुक़ाबला कर सकती है। इसीलिए, वे कहते हैं–स्वयं की पहचान करो और अपनी भलाई चाहते हो तो अपनी जाँच-पड़ताल और परख करो। यह सारा कार्य बहुत सोच-विचार करके करना है। अपनी क्षमताओं और विशेषताओं को पहचानने के लिए आप ही गुरु बनना होगा। यही नहीं, चित्त को स्थिर भी करना होगा–

कहै कबीर सुनो हो साधो, अमृत बचन हमार।
जो भल चाहो आपनो, परखो करो विचार।।
आप अपनवौ चीन्हहू नख-शिख सहित कबीर।
आनंद मंगल गावहू होहि अपनपौ थीर।।

यहाँ 'अपनपौ थीर' ध्यान देने योग्य है। स्वयं को स्थिर करना, दृढ़ निश्चय करना, आत्म-परिचय करना सबसे आवश्यक है। क्योंकि आम आदमी की सहायता करनेवाला भगवान् भी नहीं है–

दस अवतार निरंजन कीजै सो अपना नहीं कोई।

कबीर के लक्ष्य समाज का दुःख तबतक दूर नहीं हो सकता जबतक वह धर्मभीरु है। कबीर की कर्म-पूजा धर्मभीरु जनता की ताकत थी और आज भी बन सकती है। लेकिन आज तो आदमी-आदमी के बीच एक ऐसी दूरी आ गयी है, जो बौद्धिक और भावनात्मक दोनों मोरचों पर है। इसलिए आज से छह सौ साल पहले भी कबीर के सामने संवाद की जो समस्या थी, वह आज भी है। कबीर के दुःख का सबसे अहम कारण यही है। आज जितने अधिक संचार माध्यमों का प्रादुर्भाव हुआ है उतना ही सम्प्रेषण का संकट बढ़ा है। जो कहा जा रहा है, क्या वह ठीक-ठीक पहुँच रहा है? इस समस्या को बार-बार होनेवाले संवाद से ही दूर किया जा सकता है। इसीलिए कबीर बार-बार चेतावनी की भाषा में 'सुनो', 'देखो' कहकर जनता को चेता रहे थे। सबद की ताकत से वे भलीभाँति परिचित थे। उन्हें यह भी पता था कि इसे समझनेवाले बहुत कम हैं। सब अपनी-अपनी साधने की कोशिश में लगे हुए हैं। यही नहीं, कबीर की कविता के साथ भी न्याय नहीं हुआ है। इसीलिए लगता है कबीर की कविता उन सबके लिए चुनौती है जो सबद विवेकी हैं–

मैं रोऊँ संसार को मोको रोवै ना कोइ।
मोका रोवै सो जना, जो सबद विवेकी होइ।।

इनके शब्दों के साथ विवेक करनेवाले यह जानते हैं कि वे मानवीय भावों या सम्बन्धों के चितेरे मात्र नहीं हैं बल्कि वे मनुष्य की आत्मा के कवि हैं। संसार के

भीतर रहकर ही मुक्ति की कामना करते हैं। 'उड़ जाएगा हंस अकेला' कहनेवाले कबीर ही काया में सम्पूर्ण रूप को देख सकते हैं–

बाल बागो ना जा रे ना जा तेरी काया में गुलज़ार।
सहस कँवल पर बैठ के तू देखे रूप अपार।।

जब इस अपार रूप का ज्ञान होता है तो मृत्यु, जीवन, माया सभी नाचते हैं। मृत्यु और माया पर विजय करके कबीर नाच उठते हैं–

नाचु रे मेरे मन मत्त होय।
राहु केतु नवग्रह नाचौ, जन्म जन्म आनंद होइ।
गिरी समुन्दर धरती नाचे, लोक नाचौ हँस रोइ।
सरस कला का मन मेरो नाचै, रीझै सिरजनहार।

जब मृत्यु और माया की बात उठती है तो कबीर की आध्यात्मिक व्याख्या करनेवाले यह भूल जाते हैं कि कबीर कभी भी संसार को भूलते नहीं। संसार से परे किसी आनन्द की कल्पना वे नहीं करते। तभी तो 'गिरी-समुन्दर, धरती, लोक' सभी एक साथ स्मरण आते हैं। इसलिए कबीर के दुःख को अध्यात्म के परदे से बाहर निकालकर देखना होगा–

अब न बसूँ इहि गाउँ गोसाँई
तेरे नेवगी खैरे सयाने हो राम
नगर एक तहँ जीव धर महतो बसे जु पंच किसाताँ।
नैनू नकटू श्रवनू रसनू इन्द्री कह्या न माने हो राम।
जोर जेवरी खेति पसारै सब मिलि मौको मोर हो राम।
गाउँ के ठाकुर खेत कु नापै काइथ खचत न पारै।
खोटो महतो विकट बलाही सिरकस दम का पारै।
बुसौ दिवान दादि नहि लागै इकि बाँधै इक मारै हो राम।
ध्रम राइ जब लेखा माग्या, बाकी निकली भारी
पाँच किसाना भाजि गये हैं जीवधर बाँध्यौ पारी हो राम।
कहै कबीर सुनहु रे सन्तौ, हरि भजि बाँधौ भेरा
अबकी बेर बकसि बन्दे कुँ, सब खन करै निबेरा।

इसकी भक्तिपरक व्याख्या की जाय तो यह एक सामान्य पद है, विशेष बनता है तो किसानों पर होनेवाले अत्याचार के रूपकों से। ध्यान देने की बात यह भी है कि शारीरिक क्रिया-कलापों की तुलना में वास्तविक जीवन के रूपक अधिक हैं। इसलिए इसके सामाजिक सन्दर्भ को अनदेखा नहीं किया जा सकता। उस समय का सच उभरकर सामने आता है कि लगान वसूल करनेवाले चालाक और क्रूर हैं। कायस्थ, पटवारी उजरत माँगते हैं; न देने पर खेत की गलत नाप करते हैं। दीवान भी नहीं सुनता। बलाही जुल्म करता है। ऐसी स्थिति में किसानों के पास गाँव

छोड़कर भाग जाने के अलावा कोई विकल्प नहीं रहता।

गाँव का ऐसा व्यापक रूपक उस समय में कबीर के अलावा कहीं नहीं मिलता। किसान पर होनेवाले अत्याचार उन्हें गाँव छोड़ने को विवश करते हैं। फिर भी वे भागकर कहाँ जाएँगे। क्योंकि–

घर में जोग भोग घर ही में, घर तज वन नहिं जावै।
घर में बसत वस्तु भी घर है, घर ही वस्तु मिलावै।।

ध्यान देने की बात है कि संसार में ही रहने का निश्चय करनेवाले कबीर संसार के हर नियम, पाखण्ड को अस्वीकार करते रहे और संसार उन्हें अस्वीकार करता रहा। इसलिए यह कहना उचित जान पड़ता है कि किसी गहरे स्वीकार के कारण ही यह अस्वीकार का गुरूर आया है। यह निश्चय ही कबीर का निर्गुण निराकार ही है, जो कोई रहस्य नहीं है, बल्कि एक क्रान्तिदर्शी कवि की उदात्त कल्पना है। मुक्तिबोध के शब्दों में, एक 'नक्शा' है। इस नक्शे को दिमाग़ की ज़मीन से संसार की ज़मीन तक लाना बहुत कठिन था। यह कबीर की विवशता थी। दुःख की बात तो यह है कि आज भी हमारे हाथों में नक्शा है, लेकिन चेतावनी की भाषा नहीं है।

गोल शब्दकोश में अमोल बोल तुतला रहे हैं और चेतावनी देने की भाषा बेकार हो चुकी है। कबीर खुद नहीं जानते थे कि जब चेतावनी देने की हर भाषा बेकार हो चुकी होगी और एक नयी भाषा दरकार होगी तो वे फिर याद आएँगे। उनका दिया सामाजिक नक्शा तथा निर्गुण निराकार हमारे समाज को आकार दे सकता है। लेकिन ऐसा नहीं हो रहा है, क्योंकि उनके बताये नक्शे का खौफ़ कुछ लोगों के दिलो-दिमाग़ को आज भी चुनौती बनकर बेचैन किये हुए है। जम्मू में कबीर बानी का जलाया जाना इस बात का प्रमाण है कि कबीर का सच आज भी धर्म के नाम पर बौराये लोगों के लिए देहहीन पुकार बन गया है।

पत्रोत्कण्ठित जीवन

यों तो 'सान्ध्य काकली' में निराला के अनेक महत्त्वपूर्ण गीत और कविताएँ संकलित हैं; परन्तु भाव की गम्भीरता और उदात्तता की दृष्टि से इस संग्रह की अन्तिम कविता जिसकी प्रथम पंक्ति है–'पत्रोत्कण्ठित जीवन का विष बुझा हुआ है'–इस संग्रह की सर्वश्रेष्ठ रचना है। आलोचकों के मतानुसार यह निराला की अन्तिम कविता भी है। यदि इस पूरी कविता को ध्यान से पढ़ा जाय तो इसमें निराला की कविता के सभी रंग एकत्र मिल जाएँगे। अठारह पंक्तियों की यह कविता अपने भीतर एक महाकाव्यात्मक गरिमा छिपाये हुए है, जिसमें विषाद है, निराशा है, मृत्यु है, संघर्ष है, माधुर्य है और इन सबके बाद तथा सबसे अन्त में एक गहरी मानवीय आस्था का संकेत भी है। गीत इस प्रकार है–

पत्रोत्कण्ठित जीवन का विष बुझा हुआ है
आशा का प्रदीप जलता है हृदय-कुंज में,
अन्धकार पथ एक रश्मि से सुझा हुआ है
दिङ्निर्णय ध्रुव से जैसे नक्षत्र-पुंज में।
लीला का सम्वरण-समय फूलों का जैसे
फलों फले या झरे अफल, पातों के ऊपर
सिद्ध योगियों जैसे या साधारण मानव,
ताक रहा है भीष्म शरों की कठिन सेज पर।
स्निग्ध हो चुका है निदाघ, वर्षा भी कर्षित,
कल शारद कल्य की, हेम लोमों आच्छादित,
शिशिर भिद्य, बौरा बसन्त आमों आमोदित;
बीत चुका है दिक्चुम्बित चतुरंग, काव्य, गति
यतिवाला; ध्वनि, अलंकार, रस, राग बन्ध के
वाद्य-छन्द के रणित गणित छुट चुके हाथ से–
क्रीड़ाएँ व्रीड़ा में परिणत। मल्ल भल्ल की–
मारें मूर्छित हुईं, निशाने चूक गये हैं।

झूल चुकी है खाल—ढाल की तरह तनी थी।
पुनः सबेरा एक और फेरा है जी का।

यदि इस कविता की पूरी बनावट की व्याख्या की जाय तो दिखायी पड़ेगा कि कवि ने यहाँ एक विराट रूपक प्रस्तुत किया है जो युद्ध या संघर्ष का है। इस संघर्ष के कई स्तर हैं। कवि के निकट वह कविता या कला का संघर्ष भी है तथा जीवन का संघर्ष भी। कविता के बीच में जो बाणों की कठिन सेज पर सोये हुए भीष्म का बिम्ब आया है, वह स्पष्ट ही युद्ध या संघर्ष की स्थिति की ओर संकेत कर रहा है और भीष्म के बिम्ब के ही कारण महाभारत का हल्का-सा अनुषंग भी इस कविता से जुड़ गया है। कविता की प्रथम पंक्ति में आया हुआ बिम्ब ही इस कविता का सबसे महत्त्वपूर्ण बिम्ब भी है। 'पत्रोत्कण्ठित जीवन' का बिम्ब एक प्रकार का विरोधाभास लिए हुए है; क्योंकि आगे की कविता में उससे विपरीत स्थिति का वर्णन हुआ है। अर्थात् क्रमशः विनाश या मृत्यु की ओर बढ़ने का बिम्ब। यद्यपि कहा नहीं गया है, परन्तु 'पत्रोत्कण्ठित' शब्द में एक वृक्ष का बिम्ब भी छिपा हुआ है क्योंकि पत्र अर्थात् पत्ते के साथ वृक्ष का गहरा सम्बन्ध है। संकेत यह है कि जीवन में जो विष था अर्थात् जीवन की मारक-शक्तियाँ अब धीरे-धीरे समाप्ति की ओर हैं। संकेत यह भी है कि जीवन संघर्ष की समाप्ति वस्तुतः जीवन की ही समाप्ति है, परन्तु एक ओर यदि जीवन-वृक्ष की हरियाली झुलस गयी है तो दूसरी ओर उसी वृक्ष में नया पत्ता मानो फूटने की कोशिश कर रहा है—इसी को कवि ने 'पत्रोत्कण्ठित' कहा है। समाप्ति की इस घड़ी में विचित्र बात यह है कि निराशा नहीं है, बल्कि कवि अनुभव करता है कि उसके हृदय कुंज में एक आशा का प्रदीप भी जल रहा है। मृत्यु या विनाश के सम्मुख खड़े कवि के लिए आशा के प्रदीप तथा पत्ते के फूटने की कल्पना करना विरोधाभास पूर्ण अवश्य लगता है परन्तु इसी में कवि निराला की सामर्थ्य है। उन्हें लगता है कि सामने जो अन्धकार है, उसमें कहीं एक किरण भी है जो मार्ग को आलोकित कर रही है। 'राम की शक्ति पूजा' के राम की भाँति जीवन भर अन्धकार से लड़ने वाले निराला यदि जीवन के अन्त में राम की ही भाँति उस अन्धकार में किसी प्रकाश की किरण का साक्षात्कार कर रहे हैं तो इसे निराला की जीवन-दृष्टि और काव्यदृष्टि की स्वाभाविक परिणति ही कहना चाहिए। जैसे घने अन्धकार में पथ भूला राही ध्रुव तारे को देखकर दिशा का निर्धारण करता है, कवि को भी इस अन्धकार में एक दिशा दिखायी पड़ रही है। निराशा पर आशा की विजय और विकल्प पर संकल्प की विजय—निराला के विकास की यही दिशा है। आरम्भ की चार पंक्तियों के बाद कविता में शर-शैया पर सोये हुए भीष्म के बिम्ब के द्वारा कवि ने एक निर्लिप्त या अनासक्त मनोदशा का वर्णन किया है, जो एक प्रकार से सुख और दुःख दोनों से ऊपर उठ चुका है। यह लीला का सम्वरण अर्थात् सारे खेल को समेटने का समय है, इसलिए कवि का मन फल या अफल (सफलता

या विफलता) की चिन्ता से मुक्त है। वह सारे दृश्य को शर-शैया पर लेटे हुए भीष्म की भाँति तटस्थ भाव से देख रहा है। संघर्ष और विषाद की इस कविता में बीच में सांकेतिक ढंग से एक षट्ऋतु वर्णन का दृश्य आ गया है। मध्यकालीन कविता में षट्ऋतु वर्णन प्रायः श्रृंगारी काव्य में ही किया जाता था। यहाँ विचित्र बात यह है कि निराला षट्ऋतु वर्णन कर रहे हैं संघर्ष के सन्दर्भ में या कहा जाये तो वीर रस के सन्दर्भ में। यह भी निराला की आधुनिक चेतना का एक प्रमाण है। कवि संकेतित करता है कि ग्रीष्म, पावस, सुन्दर शरद, रोमांचित हेमन्त, गीला शिशिर और आमों की मंजरियों से भरा बसन्त, उसके जीवन से ये सब जा चुके हैं। जीवन रूपी युद्ध के मैदान में जो चतुरंगिणी सेना के समान शौर्य और पराक्रम मैदान में डटे हुए थे, वे सब धीरे-धीरे जा चुके हैं या साथ छोड़ चुके हैं। कवि की काव्य-साधना जिसमें रस, ध्वनि, अलंकार और छन्दों की मात्राओं की गणना की जाती थी, कवि अनुभव करता है कि यह सब कुछ इस चरण अनासक्त की वेला में धीरे-धीरे पीछे छूट गया है। यही नहीं, बल्कि जो मन में एक क्रीड़ा का भाव था, वह व्रीड़ा अर्थात् लज्जा में बदल चुका है। कवि के मन में अपनी विफलता के लिए एक गहरी टीस भी है, पर कवि आगे यह भी कहता है कि इस जीवन-संघर्ष में वह अकेला नहीं हारा है, बल्कि 'मल्ल-भल्ल की मारें मूर्च्छित हुईं, निशाने चूक गये हैं'—अर्थात् वह देखता है कि उसके समय के जितने भी योद्धा हैं, उन सबके निशाने चूक गये हैं और वे सब मूर्च्छित या बेहोश पड़े हुए हैं। जिस नये समाज का, नये युग को लाने के लिए एक विराट संघर्ष निराला के समय में लड़ा जा रहा था, निराला अनुभव करते हैं कि उसके संघर्ष में लगे हुए योद्धा धीरे-धीरे विरत होते जा रहे हैं। कवि में कहीं भीतर संघर्ष की आकांक्षा अब भी छिपी हुई है, परन्तु भीतर और बाहर में बड़ा अन्तर है। भीतर लड़ने की आकांक्षा तो है, परन्तु स्थिति यह है कि 'झूल चुकी है खाल—ढाल की तरह तनी थी'—'झूल चुकी खाल' के द्वारा कवि शारीरिक शक्ति के क्षय की बात करता है जो एक प्राकृतिक वास्तविकता है। इसलिए अन्त में इस सारी अनासक्ति, संघर्ष और विफलता की पीड़ा के बाद पुनः कविता में एक बार हल्का-सा आशा का संकेत दिखायी पड़ता है—'पुनः सबेरा एक ओर फेरा है जी का'। अन्धकार और आशा के प्रदीप से कविता आरम्भ हुई थी और सबेरे के संकेत के साथ समाप्त होती है। इस अन्धकार में आशा का प्रदीप था, यहाँ रात के अन्धकार के बाद सबेरे का प्रकाश है। इस प्रकार हम कह सकते हैं कि कविता के आरम्भ में भी आशा है और अन्त में भी आशा है, बीच में कवि का जीवन-संघर्ष, उसकी विफलता, पीड़ा और निराशा है। 'पुनः सबेरा' की जो बात कही गयी है उसकी कई प्रकार से व्याख्या की जा सकती है। एक आस्तिक मन पुनर्जन्म की सम्भावना के रूप में इसकी व्याख्या कर सकता है, परन्तु कविता में जो योद्धा का बिम्ब है उसमें एक और संकेत छिपा हुआ है। अपनी विफलता के बाद भी कवि के भीतर का

योद्धा जैसे हार नहीं मानता और मानो वह कहना चाहता है कि यह जीवन-चक्र तो चलता ही रहेगा। जहाँ उसका युग हार गया है वहाँ दूसरे लोग आएँगे, संघर्ष करेंगे और नये जीवन का प्रकाश प्रस्फुटित करेंगे। संक्षेप में 'राम की शक्ति पूजा' जैसी गहनता इस कविता में छिपी हुई है। यद्यपि आकार में यह कविता उससे बहुत छोटी है पर यह भी सत्य है कि 'राम की शक्ति पूजा' लिखने वाला कवि ही 'पत्रोत्कण्ठित जीवन का विष बुझा हुआ है', जैसी पंक्ति भी लिख सकता था।

निराला की अधिकांश महत्त्वपूर्ण रचनाओं में कहीं न कहीं व्यापक अर्थ में राजनीति का सन्दर्भ आ जाता है। जहाँ यह सन्दर्भ मुखर नहीं हुआ है, वहाँ काव्य की अर्थवत्ता में और संरचना में चमक आ गयी है। इन सन्दर्भों में अन्धकार और प्रकाश के बीच युद्ध की, संघर्ष की अन्तहीन प्रक्रिया व्यवस्था का रचनात्मक और आस्थामूलक विरोध है।

कविता से उठती हक की आवाज़

इस विषय पर लिखने को सोचा तो सबसे पहले मुझे आचार्य रामचन्द्र शुक्ल याद आये। उन्होंने अपने इतिहास में लिखा है (अव्वल तो पहले, दूसरे संस्करण में इनका ज़िक्र भी नहीं है)–'छायावादी कहे जाने वाले कवियों में महादेवी जी ही रहस्यवाद के भीतर आती हैं, छायावाद में रहस्यवाद के भीतर यही आती हैं।' तब से लेकर अब तक कितने ही विद्वान खास तौर से रामविलास शर्मा महादेवी को रहस्यवाद के साथ बाँधकर देखने का विरोध करते रहे। लेकिन शुक्ल जी का दिया हुआ विशेषण उनके साथ चिपक-सा गया। इसीलिए आज जब महादेवी के साहित्य की चर्चा वेदना और विद्रोह के सन्दर्भ में उठी तो लगा कि शायद यह वह अवसर हो सकता है जब स्त्री आवाज़ की 'शृंखला की कड़ियाँ' बताने वाली महादेवी की ठीक-ठीक परख हो सके।

फिर दूसरी समस्या मेरे सामने आ खड़ी हुई। मुझे महादेवी की कविता पर ही कुछ कहना चाहिए, ऐसा विनम्र आदेश मिला। मेरा संकट और बढ़ गया। मुझे लगा आचार्य शुक्ल से लेकर अब तक महादेवी की कविता पर ही तो लिखा-पढ़ा गया है, फिर ऐसा क्या है जो इस गोष्ठी में कहा जाना बाकी है। महादेवी के ही शब्द थोड़े हेर-फेर के साथ लूँ तो कह सकती हूँ–'पूछता है शेष कितनी बात' किसी ने उन्हें आधुनिक मीरा कहा है, तो किसी ने लक्ष्मीबाई से भी तुलना की है?

इसके बाद खुद महादेवी का–'मेरी साहित्य यात्रा' कविता के सन्दर्भ में–लिखा वह वाक्य याद आया जहाँ वे कहती हैं–'मेरी यात्रा आरम्भ हुई थी तो आँखों का पानी मीठा लगता था। आज भी आँखों का पानी मीठा लगता है। आँसू मुझे एकदम उस व्यक्ति के साथ बैठा देते हैं, एकदम उससे मेरा तादात्म्य हो जाता है। किसी और स्थिति में नहीं होता। दुख में निरन्तर हो जाता है। आश्चर्य यही है कि मैं उस यथार्थ को कविता में क्यों नहीं देखती हूँ। यह गद्य में बता सकूँगी। कविता में नहीं बता सकूँगी। कविता एक प्रकार से मेरे लिए आत्मा की अभिव्यक्ति भी है।'

महादेवी का यह वक्तव्य भी आलोचना के लिए एक औजार बन गया। आलोचकों ने यह कहना शुरू किया कि महादेवी कविता में नितान्त वैयक्तिक हैं और गद्य में नितान्त सामाजिक। तो फिर इस दृष्टि से सोचना ज़रूरी हो गया कि कैसे सम्भव है कि विधागत अन्तर एक रचनाकार के आक्रोश और संघर्ष तथा सामाजिक सरोकार

को चुनौती देने लगे। क्या शायद नहीं, कहना चाहिए बिल्कुल नहीं, कभी नहीं। इसीलिए गिल्लू, भक्तिन, सोना, लछमा, गुँगिया, चीनी फेरीवाला, घीसा और रामा जैसे चरित्रों को आवाज़ देने वाली महादेवी की कविता को फिर से समग्रता में पढ़े जाने की ज़रूरत है।

इस सन्दर्भ में मुझे फिर शुक्ल जी का एक निबन्ध 'कविता क्या है?' याद आ रहा है। मुझे सिर्फ़ शीर्षक पर बात करनी है, उसकी परिभाषा पर नहीं। क्योंकि परिभाषा आपको फिर एक वायवीय अनुभव दे सकती है। अर्जेण्टीना का एक स्पैनिश लेखक बोर्खेस कविता को पहेली कहता है। 'ए रिडिल ऑफ़ पोएट्री' सम्भवतः महादेवी की कविता को न समझ सकने वालों को वह पहेली लगती रही है और रहस्य भी। मुझे इस सन्दर्भ में ऑक्टोवियो पाज़ का एक कथन याद आता है–'एक कवि की नैतिकता इस बात में निहित नहीं होती कि वह कौन से विचार व्यक्त कर रहा है, इसमें भी नहीं कि वह विषय क्या उठाता है–एक कवि की नैतिकता इस बात में निहित होती है कि वह भाषा के साथ कैसा बरताव करता है।' महादेवी की कविता पर बात करते समय इस पक्ष की पहचान करना अब भी बाकी है। खासतौर से उनकी काव्य भाषा की ऐन्द्रिकता की पहचान।

कहा जाता है कि जिस कवि की ऐन्द्रिक पकड़ जितनी अधिक होती है, वह उतना ही बड़ा और सहज कवि होता है। अगर ध्यान से देखें तो अन्य छायावादी कवियों की तुलना में महादेवी में यह ऐन्द्रिक सजगता अधिक है। इस दृष्टि से उनकी शुरुआती कविताओं में ऐन्द्रिक सजगता सर्वाधिक है।

छाया की आँखमिचौनी
मेघों का मतवालापन,
रजनी के श्याम कपोलों
पर ढरकीले श्रम के कन;

या

छिपाये थी कुहरे-सी नींद
काल का सीमा-सा विस्तार
एकता में अपनी अनजान
रचाया था सारा संसार।

ऐन्द्रिक रूप से इतने सचेत कलाकार को भला लोक और समाज से विमुख कवि कैसे कह सकते हैं?

एक और ज़रूरी सवाल कि अपनी हर अगली पीढ़ी में कोई कवि किस रूप में मौजूद है। शायद यह सवाल मीरा या लक्ष्मीबाई को महादेवी की कविता में देखने से ज़्यादा ज़रूरी है। यह सवाल इसलिए भी कि आजकल मैं जिस संस्था में काम कर रही हूँ वहाँ हमारे सोच का दायरा अतीत से ज़्यादा भविष्य पर केन्द्रित है। बच्चों के

लिए काम करने वाली इस संस्था में वह रचनाएँ चल ही नहीं सकतीं जिसमें परोक्ष या अपरोक्ष रूप से भविष्य की ताक-झाँक न हो।

यह सवाल इसलिए और भी ज़रूरी है कि शिक्षण संस्थानों में आज भी महादेवी की कविता असीम, अगोचर और परोक्ष प्रिय के प्रति प्रणय निवेदन है। महादेवी की ही क्यों पूरी हिन्दी कविता कुछ-कुछ अगोचर, असीम बनाकर ही प्रस्तुत की जाती रही है। नतीजा क्या हुआ? धीरे-धीरे कविता लोगों के लिए यथार्थ से बहुत दूर कल्पना संसार की नितान्त अयथार्थ भावना बनकर रह गयी। यह कहना ज़रूरी होगा कि अब तो यह बहस भी चल पड़ी है कि कविता बचेगी कि नहीं। कविता ही नहीं पूरे साहित्य–खासतौर से हिन्दी साहित्य के भविष्य को लेकर चर्चा गरम होने लगी।

इस तरह से महादेवी जी पर सोचना शुरू किया तो फिर याद आयीं महादेवी जो स्वयं यह कहती हैं–'मैंने बार-बार अलग-अलग तरह से एक ही कविता दोहराई है।' इसके साथ ही याद आये क्रान्तिकारी कवि मुक्तिबोध जिनके लिए यह कहा जाता है कि वह जीवन भर एक ही कविता लिखते रहे। ऐसे उदाहरणों के लिए महादेवी की कविता से, पाठ्यपुस्तकों में पढ़ाई जा रही किसी भी कविता को लिया जा सकता है। लेकिन फिलहाल मेरी दृष्टि में उनका एक गीत है जो 'रश्मि' संग्रह में संकलित है और जो कई कारणों से मेरे लिए महत्त्वपूर्ण है, आकृष्ट करता है–

कह दे माँ क्या अब देखूँ!

देखूँ खिलती कलियाँ या
प्यासे सूखे अधरों को,
तेरी चिर यौवन-सुषमा
या जर्जर जीवन देखूँ!

देखूँ हिम-हीरक हँसते
हिलते नीले कमलों पर,
या मुरझायी पलकों से
झरते आँसू-कण देखूँ!

सौरभ पी पी कर बहता
देखूँ यह मन्द समीरण,
दुख की घूँटें पीती या
ठण्डी साँसों को देखूँ।

खेलूँ परागमय मधुमय
तेरी वसन्त-छाया में,

या झुलसे सन्तापों से
प्राणों का पतझर देखूँ!

मकरन्द-पगी केसर पर
जीती मधु-परियाँ ढूँढूँ,
या उर-पंजर में कण को
तरसे जीवन-शुक देखूँ!

कलियों की घन जाली में
छिपती देखूँ लतिकाएँ
या दुर्दिन के हाथों में
लज्जा की करुणा देखूँ!

बतलाऊँ नव किसलय के—
झूले में अलि-शिशु तेरे,
पाषाणों में मसले या
फूलों से शैशव देखूँ!

तेरे असीम आँगन की
देखूँ जगमग दीवाली,
या इस निर्जन कोने के
बुझते दीपक को देखूँ!

देखूँ विहगों का कलरव
घुलता जल की कलकल में,
निस्पन्द पड़ी वीणा से
या बिखरे मानस देखूँ!

मृदु रजत-रश्मियाँ देखूँ
उलझी निद्रा-पंखों में,
या निर्निमेष पलकों में
चिन्ता का अभिनय देखूँ!
तुझ में अम्लान हँसी है
इसमें अजस्र आँसू-जल,

तेरा वैभव देखूँ या
जीवन का क्रन्दन देखूँ!

यह गीत कई तरह से ध्यान खींचता है।

इस कविता में पहले जहाँ ध्यान जाता है, वह है इसका सम्बोधन। सम्भवतः महादेवी की अन्य किसी कविता में माँ सम्बोधन नहीं मिलेगा। भक्तिमय आवरण से युक्त इस गीत में सबसे ज़्यादा सामाजिक प्रतिबद्धता को देखा जा सकता है। कवि के द्वारा दिये सम्बोधन कविता को समझने में मददगार होते हैं। निराला के सम्बोधनों पर तो एक शोध ही किया जा सकता है। महादेवी के सम्बोधन भी उनकी कविता को नयी पहचान दे सकने में सहायक हो सकते हैं, क्योंकि उनके सम्बोधनों की एक व्याख्या रहस्यमय प्रियतम के रूप में की जा चुकी है। इसीलिए ज़रूरत है कि महादेवी के सम्बोधनों की पुनर्व्याख्या की जाए।

दूसरे, इसको पढ़कर एक ओर निराला की भक्ति सम्बन्धी राजनीतिक कविताएँ याद आती हैं, तो दूसरी ओर पन्त की वह कविता जिसमें अरविन्द दर्शन का प्रभाव है–

सुन्दर है सुमन विहग सुन्दर/मानव तुम सबसे सुन्दरतम।

कविता की पहली पंक्ति के 'क्या अब देखूँ' में 'अब' शब्द ध्यान देने योग्य है। यह 'अब' क्या है? क्या यह अब 15 वर्ष में भिक्षुणी जीवन बिताने का फैसला लेने वाली महादेवी का 'दिशा चयन' है जिसने उनसे उस उम्र में उतना बड़ा फैसला लेने को बाध्य कर दिया, सोचना होगा।

कुछ बिम्बों के अनूठे प्रयोग भी इस गीत की ओर ध्यान खींचते हैं और महादेवी की संवेदना को विस्तार भी देते हैं–

–'या झुलसे सन्तापों से प्राणों का पतझर देखूँ'–मानव मन के टूटने का बिम्ब दुख कष्ट से झुलसा मन प्राण एक-एक करके पतझर के पत्तों की तरह टूटता जा रहा है।

–'या दुर्दिन के हाथों में लज्जा की करुणा देखूँ'–स्त्री की दुविधाजनक स्थिति का बिम्ब। दुर्दिन कोई नापाक इरादों वाला हाथ है जहाँ एक असहाय स्त्री की करुणा विवश है। इससे बड़ा करुण दृश्य स्त्री के सम्बन्ध में हो ही नहीं सकता।

–'या निर्निमेष पलकों में चिन्ता का अभिनय देखूँ'–अपलक पलकों में कई-कई चिन्ताएँ उमड़-घुमड़ रही हैं। अलग-अलग चिन्ता के दृश्यों का आँखों में आना-जाना, इसकी अभिव्यक्ति के लिए अभिनय शब्द से बेहतर बिम्ब हो ही नहीं सकता था।

'पाषाणों में मसले या फूलों से शैशव देखूँ'–महादेवी का पहाड़ी कुली और उनकी स्मृति में बैठे कई चरित्र यहाँ झाँक जाते हैं, इसलिए अगर ठीक से देखा जाए

तो महादेवी की कविता गद्य साहित्य को समझने की एक पृष्ठभूमि बन सकती है।

क्या यह इत्तेफाक है कि इसे पढ़कर मुझे क्रान्तिकारी कवि मुक्तिबोध याद आये! उनकी लम्बी और बहुचर्चित कविता 'अँधरे में' याद आयी। उसकी वह पंक्तियाँ याद आयीं—'मुझे कदम-कदम पर चौराहे मिलते हैं' चौराहे पर खड़े मुक्तिबोध का ये रास्ते को चुनने का द्वन्द्व और महादेवी का सुन्दर प्रकृति और घोर यथार्थ को चुनने का द्वन्द्व सच नहीं तो और क्या है? यह द्वन्द्व किसी चोर दरवाज़े से घुसकर कब अपने आने वाली पीढ़ी का द्वन्द्व बन जाता है, कौन जाने? उनके 'अश्रु के टकसाल' जैसे बिम्ब और 'आँखें शिथिलायी सिहरी' में शिथिलायी जैसे प्रयोग न केवल चित्र खड़ा करते हैं बल्कि एक चित्र ध्वनि बनाते हैं, कौन जाने ये भविष्य के प्रयोक्ता की इन्द्रिय पकड़ कब बन जाएँ।

इसी तरह गाँधी पर लिखी कविता 'जाग तुझको दूर जाना' या 'पूछता क्यों शेष कितनी रात' या फिर 'मैं नीर भरी दुःख की बदली' ही क्यों नहीं। ये सबकी सब कविताएँ जिस अन्तर्जगत की टकसाल से निकली हैं, क्या वह महादेवी का नितान्त निजी कोना है? नहीं, इस निजी कोने के कई रंग हैं जिनमें आने वाली पीढ़ी को कई-कई और रंग मिलने की सम्भावना से इनकार नहीं कर सकते। क्योंकि यह उस स्त्री के शब्द हैं जिसने 1942 में 'शृंखला की कड़ियाँ' लिखकर वह कह दिया था जो पश्चिम में बहुत बाद में प्रकट हुआ। 'रात के उर में दिवस की चाह का शर' कहकर महादेवी की कविता स्वाधीनता की आकांक्षा को स्वर दे रही थी। इतनी सचेत, किसान, मजदूर और स्त्री के हक के लिए लड़नेवाली महादेवी की कविता को आज के सन्दर्भ में परख कर बहुत कुछ कहा जाना बाकी है। शायद शताब्दी वर्ष की यही सबसे बड़ी उपलब्धि होगी कि उनकी कविता का पुनर्जन्म यानी नयी व्याख्या हो सके।

शमशेर को पढ़ते हुए

फ़ारसी के एक शायर शेख सादी ने कहा है—'शेरे मरा बामदरसा कैबुरद' यानी मेरे शे'र को मदरसे में ले जाने की जुर्रत किसने की। पता नहीं उन्होंने किसी कक्षा में कविता को पढ़ाते देखा था कि नहीं, पर यह पंक्ति कुछ ऐसा ही बयाँ कर रही है। इससे यह तो लगता है कि सम्भवतः उन्होंने किसी कक्षा में शे'र या कविता को लहूलुहान होते ज़रूर देखा होगा। मैंने भी कई वर्षों तक एक कॉलेज में पढ़ाया है और उसके पहले कई वर्षों तक कक्षा में कविता पढ़ी भी है। पढ़ते हुए मुझे फ़ारसी शायर की बातें तो नहीं याद आयीं (शायद इसलिए कि मुझे बहुत अच्छे गुरु मिले) पर पढ़ाते हुए मुझे ऐसा बार-बार लगा।

कॉलेज में मुझे विशेष पेपर के रूप में छायावादोत्तर कविता पढ़ाने को मिला। लड़कियों का कॉलेज था और शहर बनारस। मेरे सामने बड़ी चुनौती थी। एक, उन लड़कियों को पढ़ाना जिन्होंने अब तक छायावाद के आगे क़दम नहीं रखा था—न तो साहित्य पढ़ने में और न ही अपने जीवन में। इसलिए पढ़ना-पढ़ाना एक जटिल समस्या थी। दूसरे, इसलिए कि आखिरकार इन कविताओं को परीक्षा के दायरे से भी गुज़रना था। पहले यह समझने वाले मेरे मन को कि कविताएँ आपसे सवाल करती हैं, अब यह समझना पड़ रहा था कि कविताओं को कुछ बने-बनाये सवालों से भी गुज़रना पड़ता है। सवाल भी ऐसे कि अगर इन्हें गद्य की तरह लिख दिया जाए तो भी मायने में कोई फ़र्क़ नहीं पड़ता। यानी परीक्षा के पर्चे में कविता पर किया गया हर सवाल सबसे पहले कविता की बुनावट या भाषा के साथ किये गये बर्ताव को ही तोड़ने की (समझने की नहीं) माँग करता था। मसलन—'कविता का प्रतिपाद्य लिखिए' या 'इन पंक्तियों में कौन-सा अलंकार है?' 'कवि का आशय' बताइए। इनमें एक भी ऐसा सवाल नहीं जो कविता के शब्दों से खेलने की ओर ले जाए। दूसरी ओर कुछ बने-बनाये कविता के तत्त्वों (यह भी कह सकते हैं कि तथाकथित आलोचकों की शर्तों) से गुज़रना पड़ता है। जैसे—अलंकार, रस, छन्द इत्यादि। ज़ाहिर है इन शर्तों से गुज़रना कविता का पोस्टमार्टम करना था और पोस्टमार्टम हत्या के बगैर कहाँ सम्भव?

इसलिए जब मैंने अपने तईं इन तत्त्वों, शर्तों और परीक्षा के पन्नों में क़ैद कविता

को समझने की कोशिश की तो सामने कठिन रास्ता था। बड़ी मुश्किल थी। यह इसलिए भी कि इससे पहले ये कविताएँ मेरे लिए भी कोई सवाल बनकर नहीं खड़ी हुई थीं। अब जबकि इन्हें कक्षा में बहुत से विद्यार्थियों के साथ साझा करना था तो कई-कई सवाल उठ खड़े हुए। सब अपने-अपने जवाब की जुगाड़ में लग गये। जूझते रहे। मैंने सोचा क्यों न कविता को सबसे पहले उसकी पूरी रचावट में पढ़ें। कुछ इस तरह कि कविता को फिर से रचने का-सा अहसास हो। हम उसी तरह कविता के शब्दों और उसकी रचावट से खेलें जैसे कवि रचते समय करता होगा। दरअसल विद्यार्थियों के चेहरे पर मैं कविता को नये रूप में रचने का सुख देखना चाहती थी।

सबसे पहले हमारे सामने शमशेर की कविता—'बात बोलेगी'—मौन खड़ी थी। यह कविता हमने कई बार पढ़ी थी पर कक्षा में पढ़ाते हुए मुझे लगा कि इसे मैं पहली बार पढ़ रही हूँ। हमने कविता को फिर से बार-बार पढ़ा। कई जगह रुककर, गति में, मौन, बोलकर, कई तरह से। इसकी पहली पंक्ति, जो कविता का शीर्षक भी है, ने मेरा काम आसान कर दिया। यह मुझे कबीर तक ले गयी। कहने लगी यह तो कबीर वाला आत्मविश्वास है। वही स्वाभिमान जो अपनी बात मनवाने के लिए किसी के सामने गिड़गिड़ाता नहीं। बात और समाज के बीच कोई नहीं, यहाँ तक कि कवि भी नहीं। किसी की दखलअन्दाज़ी बर्दाश्त नहीं। कवि तो लिखकर अलग खड़ा अपनी बात को समाज से टकराते हुए देख रहा है, स्रष्टा की तरह। नेपथ्य में इशारा करता हुआ। पर किधर? इसे बताने के लिए उसकी काव्य-भाषा पूरी तरह सक्षम है। 'भेद खोलेगी/बात ही।' मैंने विद्यार्थियों से शब्दों को उलट-पलटकर देखने को कहा। जैसे—बोलेगी बात/हम नहीं/खोलेगी भेद/बात ही, इत्यादि। कक्षा में नयी कविता बनने लगी और कविता बनते-बनते कब खुलने लगी, पता ही नहीं लगा।

आधुनिकता ने जहाँ एक ओर हमें तार्किक नजरिया दिया। प्रश्नाकुल बनाया। वहीं दूसरी ओर आत्मकेन्द्रित भी कर दिया। इस कदर कि हमारी हर कहन में 'मैं' की गन्ध रह जाती है। हम एक ऐसे समय में हैं जहाँ अक्सर 'कथ्य' से ज़्यादा 'कहने वाला' महत्त्वपूर्ण हो जाता है। पर शमशेर 'भेद खोलेगी बात ही' कहकर इस कविता की शुरुआत में ही बड़े ठस्से से कह देते हैं कि जो बात कहनी है वह किसी एक की नहीं बहुतों की है। इसीलिए उसे कहने के प्रयास की भी ज़रूरत नहीं है। सबकी होने के कारण ही उस कथ्य या बात में इतनी शक्ति है कि उसके सामने एक-एक कर पर्त-दर-पर्त सारे भेद खुद-ब-खुद खुल पड़ते हैं।

पर सोचिए, यह शक्ति कहाँ से आयी होगी। इसकी पहचान करने के लिए अपनी पूरी कक्षा को एक साथ किया। सबने मिलकर जानने की कोशिश की कि आखिर किसी बात/कथ्य में ताकत कहाँ से आती है? क्या भाषा-ज्ञान मात्र से यह सम्भव है? कोई बात कब असरदार बन जाती है? यह जानने के लिए हमें यह भी जानना पड़ेगा, कि क्यों कहनी है वह बात? क्यों के जवाब की खोज हमें इस

कविता के उत्स तक ले गयी—प्रगतिवादी आन्दोलन की पृष्ठभूमि तक। पर शमशेर का प्रगतिवाद किसी विरोध को नहीं खड़ा करता, यह एकता का आह्वान करता है। जो सब को बाँधता है, प्रेम से, एक मकसद में।

इसके बाद कवि हमारे समय के एक द्वन्द्व को रेखांकित करता है—सत्य और झूठ का द्वन्द्व। 'सत्य का मुख/झूठ की आँखें/क्या देखें!'—जनता कैसे समझेगी झूठ और सच को। क्योंकि मुख जिसे सत्य कह रहा है, आँखें उसे झूठ साबित कर रही हैं। ऐसे में आम आदमी कैसे पहचाने? बड़ी समस्या है। यहाँ भी उनकी सहायता कविता ही करती है।

शमशेर के शब्द फिर बिना किसी अतिरिक्त प्रयास के जैसे घोषणा करते हुए से कहते हैं—'सत्य का रुख/समय का रुख है'—इस स्वर में कोई सन्देह नहीं। कोई उलझन नहीं। हर रूढ़ को 'एक' रास्ते की ओर इंगित करता हुआ-सा वाक्य—'जनता को/सत्य ही सुख है/सत्य ही सुख।' जनता के सामने कोई अन्य रास्ता नहीं है। पर उससे क्या? न हों उसके पास ज़माने के तमाम सुख पर उसके पास एक सुख है—सत्य। हथियार की तरह। जो उसे निर्भय बनाता है। समय की धड़कन, समय के रुख को जानना और उसके साथ चलना सत्य की राह है। यह सत्य ही उसे लक्ष्य की ओर ले जाएगा और निर्भय बनाएगा।

यह बात नयी पीढ़ी के लिए भी उतनी ही ज़रूरी है जितनी आम जनता के लिए। इस पीढ़ी के सामने रास्ते ही रास्ते हैं। पर चुनाव कैसे हो? कौन-सा रास्ता उसे 'अभय' बनाने में मदद करेगा। क्या वह कवि की बात को मान ले और समय के रुख को जाने? पर कैसे? नयी पीढ़ी के सामने तो किताबें हैं और किताबों में हैं सुनहरे अतीत की बातें तो मन में सुनहरे भविष्य की कल्पना। आज को पढ़ना तो उन्हें सिखाया ही नहीं गया। अतीत के गौरवगान में खोयी उसकी आँखें आज का सामना कर पाने को तैयार ही नहीं हैं। जो बीत गया वह सबकुछ अच्छा था। जो सामने है वह सब कुछ इतना भयानक है कि उसे पढ़ने की ज़रूरत ही नहीं, ऐसी समझ के साथ बड़े हुए ये विद्यार्थी कौन-सा रास्ता चुनें। उन्हें तो यही कहा जाता रहा है कि खोए रहो सपनों में, अभी बच्चे हो। इसीलिए आज और आज के समय की बात पर पूरी कक्षा कुछ चुप-सी हो गयी। फिर जैसे छूटते ही सबके मुँह से कुछ ऐसे शब्द निकले जिन्हें बोलने के लिए आज को पढ़ने की ज़रूरत नहीं है। उन्हें अपने घर आस-पास और अब तक की पढ़ाई ने यही बताया है। मैं उनका ध्यान कविता के शब्दों की ओर खींचना चाहती थी। मैं उन्हें शब्दों के इस्तेमाल का सलीका दिखाना चाहती थी। इस ओर ध्यान दिलाना चाहती थी कि शब्दों से खेलते शमशेर कैसे एक-एक शब्द में अपने समय और समाज की कई समस्याएँ बयान कर देते हैं—

दैन्य दानव; काल
भीषण; क्रूर

स्थिति; कंगाल
बुद्धि; घर मजूर।

गरीबी राक्षस की तरह मनुष्य को जकड़े हुए है। इन पंक्तियों की रचावट और शब्दों की रखावट पर थोड़ा ठहर कर सोचना ज़रूरी लगता है। कवि 'दैन्य-दानव' के बाद सेमिकॉलन और फिर 'काल' शब्द को रखता है, फिर थोड़ा ठहरता है और विपदा भरे समय के लिए उसे 'भीषण' शब्द ही मिलता है। 'काल' के बाद रुकना ऐसा लगता है जैसे कवि को इस मुश्किल समय को बयाँ करने के शब्द मुश्किल से मिले होंगे। ढूँढ़ने पड़े होंगे। उसके बाद एक विशेषण आता है 'क्रूर'। शमशेर फिर थोड़ा रुकते हैं। विशेषण है तो किसी न किसी विशेष्य का होगा। कौन है वह? समय, समाज, सत्ता कौन? कविता किसी की तरफ गये बगैर खुद स्पष्ट कहती है कि 'स्थिति' है जो क्रूर है। दोषी कोई एक नहीं। जटिल बिम्बों के लिए मशहूर शमशेर की कविता में दो पंक्तियों के बीच की कविता खुद-ब-खुद खुलती गयी। दो पंक्तियों को जोड़ने के सूत्र खुद हाथों में आते गये हैं। 'क्रूर' होने का कारण क्या है? कविता 'कंगाली' की ओर इशारा करती है। पर 'क्रूर स्थिति' और 'कंगाल बुद्धि' के बीच सम्बन्ध सूत्र हमें कविता की बुनावट में ही मिल जाता है। बुद्धि की कंगाली के कारण ही स्थिति क्रूर हुई है। कंगाली किसकी? कवि फिर ठहरता है। उसका यह ठहराव हमारे सामने एक नयी सोच खड़ी करता है। यह कंगाली धन की नहीं है बल्कि बुद्धि की है। यह ऐसी भीषण स्थिति है जो जनता को घर-घर मजूरी करने पर विवश कर रही है। 'बुद्धि' के लिए 'कंगाल' विशेषण से अच्छा कोई विशेषण शायद सम्भव नहीं था। यह इस ओर भी इशारा कर रहा है कि सचेत रहकर इसे समृद्ध भी किया जा सकता है। लड़कियों के बीच इस सच को साझा करना मेरे लिए एक अनुभव था क्योंकि उनके आस-पास बुद्धि के कंगाली के तमाम नतीजे छिटके पड़े थे। उन्हें बेचैन कर रहे थे।

देखने की बात यह भी है कि यहाँ विशेषण पहले आ रहे हैं और विशेष्य बाद में। दरअसल, हमारे पास अपने समय के लिए आज भी तमाम विशेषण मौजूद हैं—भ्रष्टाचार, अत्याचार, गरीबी, अन्याय और न जाने क्या-क्या। हम बिना रुके, बिना सोचे, बिना ठहरे अपने समय को एक के बाद एक कई विशेषणों से नवाजते चले जाते हैं। हम विशेषणों में जी रहे हैं। जब कोई समाज विशेषणों में जीने लगता है तो वह संज्ञाहीन हो जाता है। इसमें सुविधा यह है कि यहाँ कोई किसी बात का ज़िम्मेदार नहीं होता है। किसी भी बात की ज़िम्मेदारी वहन करने का माद्दा तो सिर्फ़ संज्ञा में ही है। पर संज्ञा की पहचान कौन करे? शमशेर की तरह उँगली पकड़कर स्पष्ट शब्दों में कोई बताने वाला नहीं है कि यह सब क्यों हो रहा है? और इससे उबरने का रास्ता क्या है?

शमशेर यह रास्ता देते हैं—एकता का रास्ता। सब मिलकर सत्य को पहचानेंगे।

सबको मिलकर ही सवाल उठाना होगा, एक आन्दोलन की तरह। नहीं तो परिवर्तन सम्भव नहीं। यह इसलिए भी ज़रूरी है कि सारी जनता का दुःख, उसकी समस्या एक ही है—कंगाली, अर्थ और बुद्धि दोनों की। पर उससे निपटने के लिए हमारे समय में तमाम तरह के झण्डाबरदार खड़े हैं। सब अपनी-अपनी डफली बजा रहे हैं। अगर जनता एक नहीं हुई तो नतीजा क्या होगा?

आगे चलकर कविता फिर अपनी शुरुआती पंक्तियों को दोहराती है। पर इस बार कोई द्वन्द्व नहीं है। विशेषण और विशेष्य एक साथ खड़े हैं। इसीलिए इस बार तथ्य कुछ बदले हुए हैं। पंक्तियों और शब्दों की रखावट, सब बदले हुए हैं—

दैन्य दानव। क्रूर स्थिति।
कंगाल बुद्धि : मजूर घर भर।
एक जनता का—अमर वर :
एकता का स्वर
—अन्यथा स्वातन्त्र्य-इति।

अपनी बात को दोबारा रखते हुए कवि के मन में कोई सन्देह नहीं है। इसीलिए 'क्रूर' के साथ 'स्थिति' अब एक पंक्ति में खड़ी है। बुद्धि की कंगाली को लेकर भी कोई भ्रम नहीं है। वह कुछ आश्वस्त-सा इस सच को एक पंक्ति में रख देता है। देखने की बात है कि बिना रुके, बिना देर के कवि झट से अपनी अगली आशंका को भी उसी पंक्ति में रख देता है—'मजूर घर भर'। विशेषण और विशेष्य को एक पंक्ति में रखना और स्पष्ट शब्दों में स्थिति की भयानकता को जल्दी से कह देना इस ओर भी संकेत है कि घर-घर मजूरी करने वालों की दशा भी बड़ी तेज़ी से उसके घर भर को मज़दूर बनाती चली जा रही है।

कविता अपनी बुनावट में खुलती जा रही थी। पूरी कक्षा इस अन्त से चकित थी। उनके सामने जैसे एक भयावह रहस्य खुल रहा था या कवि के शब्दों में भेद खुल रहा था, कि बुद्धि की कंगाली की अन्तिम परिणति क्या है? कितनी ख़तरनाक है? कविता के शुरू में आये घर-घर मजूरी करने वाले का पूरा घर अब इसी धन्धे में लग गया है। यह नतीजा है पूरी दुनिया के साथ खड़े होकर—अपने समय के सच को एक होकर न देखने का। दरअसल, बुद्धि से कंगाल जनता के पास यह दृष्टि आये कहाँ से? इसीलिए यह समस्या अब किसी एक प्रान्त या एक देश की नहीं रह जाती। पूरी दुनिया की है। दुनिया की सारी दीवारें टूटती हैं और कहीं से छनकर आवाज़ आती है—दुनिया के मज़दूरो, एक हो।

कवि गीत की भूली हुई पंक्ति की तरह उसे फिर दोहराता है। कुछ-कुछ घोषणा भरे स्वर में—'एक जनता का—अमर वर/एकता का स्वर।' जनता एक नहीं हुई तो स्वतन्त्रता ख़तरे में पड़ जाएगी व्यक्ति की भी और देश की भी।

कविता शुरुआत से अन्त तक पहुँचते-पहुँचते जैसे खुद रास्ता दिखाती है। अगर

इस ओर ध्यान दें तो यह छोटी-सी कविता हमारे सामने प्रगति का एक नक्शा तैयार करती है। इस प्रगति के रास्ते में बाधक जो—कौन, क्यों और कैसे है, उसको कहने के लिए कवि के पास ऐसे शब्द हैं जो उसकी वर्षों की कविता यात्रा की थाती है। इन्हीं रास्तों से चुन-चुन कर उसने शब्दों को अलग किया और उन्हें यहाँ एक साथ कविता में रखकर असर पैदा कर दिया है। कुछ इस तरह कि कविता अपने हर नये पाठ के साथ, नयी-नयी अर्थ सम्भावनाओं की ओर ले जाती है।

किताबों से गुज़रते हुए

संघर्ष के आवाँ में पकते समय का दस्तावेज़

कोई भी साहित्य विचार या विचारधारा का मोहताज नहीं होता, लेकिन अगर विचार किसी साहित्य का अंग बनता है तो वह निश्चय ही महत्त्वपूर्ण बन जाता है। चित्रा मुद्गल का दूसरा उपन्यास 'आवाँ' इस दृष्टि से उल्लेखनीय उपन्यास है। इधर के उपन्यासों का चर्चित विषय स्त्री-विमर्श यहाँ भी है लेकिन वह लेखिका का निहितार्थ नहीं है।

चित्राजी ट्रेड यूनियन से कुछ समय तक जुड़ी रही हैं। वहाँ काम करने वाले लोगों के जीवन को उन्होंने न केवल करीब से देखा है बल्कि जिया भी है। इसलिए जब वे मज़दूर नेता और मज़दूरों के जीवन का ब्योरेवार वर्णन करती हैं तो वह बहुत प्रभाव उत्पन्न करता है। यही इस उपन्यास को इधर के उपन्यासों से अलग पहचान भी देता है। उनका यह अनुभव कथा को एक चित्रात्मक आयाम तो देता है, उपन्यास को आम होने से भी बचा लेता है।

इधर कथा-साहित्य के काव्य शास्त्र पर हिन्दी में भी सोचा और लिखा जाने लगा है। हालाँकि अब भी कविता के शास्त्र की तरह कथा का शास्त्र भी गड्ड-मड्ड ही है। फिर भी उसकी ज़रूरत तो है। पिछली शताब्दी के अन्त में अचानक कथा-साहित्य साहित्य की मुख्यधारा बनकर उभरा है, क्योंकर यह इतना महत्त्वपूर्ण बन गया। क्या यह विचारना ज़रूरी नहीं होगा? इसमें कथा और उसके कहन (टेकनीक) की कोई भूमिका है? 'कसप' और उसके कुछ समय बाद 'नौकर की कमीज' ने उपन्यास को नयी टेकनीक दी है। इस टेकनीक को इधर के उपन्यासकारों ने भी अलग-अलग ढंग से अपनाया है। इसलिए लगता है कि आलोचक जो भी शास्त्र बनाएँ, इतना तो तय है कि कथा को कह सकने की कला ही सबसे महत्त्वपूर्ण अंग बन जाता है और भाषा की चित्रात्मकता और उसके सम्बन्ध के बिना कथा को कह पाना असम्भव है। अजीब बात है कि जब कविता में चित्रभाषा की बात हो रही थी तो वह कल्पना से बहुत अलग नहीं थी, लेकिन अब उपन्यास में वह आयी तो यथार्थ स्वरूप लेकर आयी। इस दृष्टि से 'आवाँ' में अस्पताल का वर्णन या बम्बई के अघाड़ी कार्यालय का या फिर संजय कनोई और मैडम वाछवानी के चमचमाते खूबसूरत संसार में उलझी नमिता का सबकुछ बड़ा ही पारदर्शी है।

किसी भी उपन्यास का प्रारम्भ और अन्त बहुत महत्त्वपूर्ण होता है। 'आवाँ' उपन्यास के शुरू में ही नायिका नमिता जिस तरह से हड़बड़ाहट में आकर ट्रेन के दूसरे दर्जे का टिकट लिए हुए पहले दर्जे में चढ़ जाती है वह इस उपन्यास का प्रतीकात्मक बिन्दु है। यही वह बिन्दु है जहाँ से मज़दूर नेता की बेटी नमिता निम्नमध्यमवर्गीय जीवन से भटक कर उच्चवर्गीय संसार में पहुँच जाती है। यह हड़बड़ाहट और भटकाव न केवल नमिता के जीवन का सच है बल्कि वह आज के समाज का सच है। आज का युवा मन भी तो अपनी ज़मीन की पहचान नहीं कर पा रहा है। उसके हाथों में नक्शा कोई और है और पैर कहीं और पड़ रहे हैं। लेकिन नमिता के लिए यह भटकाव उसके खोये हुए आत्मविश्वास को पा लेने का माध्यम बनकर यहाँ प्रस्तुत हुआ है। नमिता भी अपने अभावों से दूर एक दुनिया बनाना चाहती है। उसे भी 'मुझे चाँद चाहिए' की वर्षा वशिष्ठ की तरह एक नया चाँद चाहिए। उसे हमेशा यह लगता है कि उसके कपड़े, चप्पल उसके अभावों की चुगली कर ही देते हैं। इसलिए ट्रेड यूनियन कार्यकर्ता पवार की कड़वाहट को वह सह नहीं पाती और संजय कनोई के सपनों का संसार उसे आमन्त्रण देता है। वह अपने दर्जे की नंगी सच्चाइयों को सह नहीं पाती और हड़बड़ाकर मैडम की उँगली पकड़ संजय कनोई के दर्जे में प्रवेश कर जाती है। यह बिन्दु टॉलस्टॉय के अन्ना करेनिना के रेलवे स्टेशन की याद दिलाता है। यह उपन्यास इस मामले में महत्त्वपूर्ण है कि नमिता की वापसी अपने दर्जे में ही होती है। यह वापसी कई मायनों में महत्त्वपूर्ण है। यह न केवल उपन्यास के शुरुआत का एक दृश्य है बल्कि पूरे उपन्यास का प्रतीकात्मक सूत्र है और इस उपन्यास को लिखे जाने का कारण भी। साथ ही आज की पीढ़ी के लिए सही दिशा संकेत भी।

शोषण यहाँ पर व्यापक रूप में आया है। एक तरफ़ इस उपन्यास में मज़दूरों का शोषण या फिर स्त्री शोषण की बात दिखायी पड़ती है तो दूसरी ओर उपभोक्तावादी संस्कृति में साँस ले रहे मानव के विडम्बनात्मक स्वरूप को अभिव्यक्त कर सकने की भाषा भी है। यह इसलिए भी महत्त्वपूर्ण है कि शोषण के विविध रूपों को बयाँ करने के लिए एक नयी भाषा की दरकार लेखकों की चिन्ता बन गयी है। उसको पा सकने में चित्राजी सफल हुई हैं। स्त्री-शोषण यहाँ भी है लेकिन वह बदलते सामाजिक यथार्थ का हिस्सा बन कर उभरा है। इस बात से इनकार नहीं किया जा सकता कि लक्ष्य स्त्री नहीं है फिर भी उपन्यास का एक बहुत बड़ा भाग उसी से भरा है। यहाँ दोनों वर्गों की स्त्री शोषित हैं, यहाँ तक कि स्त्री द्वारा स्त्री का शोषण भी है। निर्मला कनोई, गौतमी नीलम्मा, सुनन्दा या किशोरी बाई या फिर नमिता भी शोषित ही हैं। यद्यपि नमिता इन सारे स्त्री पात्रों से कम शोषित है। यह इस उपन्यास का कमज़ोर पक्ष है। ध्यान देने की एक और बात है कि शोषण से मुक्ति का मार्ग तलाश कर सकने में दोनों वर्गों की स्त्रियों का अलग-अलग रुख दिखायी

पड़ता है। जहाँ एक ओर निर्मला कनोई, गौतमी या फिर मैडम का जीवन समझौतों पर टिका हुआ है, वहीं दूसरे वर्ग में नीलम्मा, सुनन्दा, किशोरी या फिर नमिता पर होने वाले शोषण उन्हें और अधिक सशक्त ही बनाते हैं। विधवा नीलम्मा अपने जीवन का फ़ैसला खुद करती है। वह अपने सास-ससुर और बच्चों के लिए जीती तो है लेकिन अपने आपको जलालत भरी ज़िन्दगी से मुक्त कर नया रास्ता भी तलाशती है। सुनन्दा और किशोरी भी अपने अस्तित्व की रक्षा के लिए हर संघर्ष करने को तैयार हैं। नमिता का अस्तित्व उपन्यास में बहुत दूर तक अपना रास्ता नहीं तलाश पाता। फिर भी अन्त में उसकी वापसी का निर्णय उसे एक आदर्श की ओर ले जाता है। नीलम्मा, सुनन्दा और किशोरी का आदर्श और सशक्त चरित्र कहीं न कहीं नमिता के भटकाव को विराम तो देते ही हैं। यही बिन्दु इस उपन्यास को अन्य उपन्यासों के बीच स्मरणीय बनाते हैं।

अन्ना साहब और पवार दो महत्त्वपूर्ण चरित्र नमिता की कथा के साझीदार हैं। अन्ना साहब ट्रेड यूनियन के बड़े लीडर हैं जिनके इशारों पर सारे मज़दूर चलते हैं। लेकिन नमिता के साथ वे पिता के मित्र की तरह नहीं, बल्कि एक स्त्री के सामने कमज़ोर पुरुष का-सा व्यवहार करते हैं। ट्रेड यूनियन का इतना सशक्त नेता जब स्त्री देह के सामने अशक्त हो जाता है तो अनेक सवाल उठते हैं। क्या अन्ना साहब जैसे मुक्ति का मार्ग सुझाने वाले और मज़दूरों के मन को मुक्तिकामी बनाने वाले नेता इतने कमज़ोर हैं कि उन्हें अपनी ताकत जुटाने के लिए स्त्री-देह का उपयोग करना पड़ता है? लेकिन यहाँ भी आदर्श साथ नहीं छोड़ता—'देह मुझे नहीं भोगती। भूले-भटके अपनी दैहिक और सामाजिक थकान उतारने के लिए इसका उपयोग कर लेता हूँ और नयी स्फूर्ति, नयी ऊर्जा के साथ श्रमिक सेवा में संलग्न हो उठता हूँ।' कहने की आवश्यकता नहीं कि खोखले आदर्शों के सूत्र में जनता को बाँध, लगाम अपने हाथों में थामने वाले नेता हमारे आसपास कम नहीं हैं। कहना न होगा ऐसे आदर्शवाद उपभोक्ताओं की संस्कृति से कम ख़तरनाक नहीं हैं। दूसरा चरित्र पवार है जो नमिता से प्यार करता है। नमिता का भी उसके प्रति झुकाव है। दलित होने के कारण पवार के जीवन के अभाव उसमें आक्रोश तो पैदा करते हैं, लेकिन यह आक्रोश अन्याय के विरोध की बजाय प्रतिशोध का स्वरूप अख़्तियार कर लेता है। पवार के चरित्र में दलितों के उभरते प्रतिशोधात्मक स्वरूप की एक झलक है। यहाँ भी चित्राजी की भाषा पवार की जलालत भरी ज़िन्दगी के अक्स को उभारने में भरपूर समर्थ रही है।

सिनेमाई कौशल का प्रयोग इस उपन्यास में दो जगहों पर हुआ है। एक तो संजय कनोई के साथ नमिता का सम्बन्ध कुछ इस तरह से हो जाता है कि लगता है कथा की बागडोर चित्राजी के हाथों से निकलकर संजय कनोई के हाथों में चली गयी हो। अगर यह सम्बन्ध नमिता के पिता की मृत्यु के बाद न हुआ होता तो

नमिता का चरित्र और उसका वर्ग आधार भी सन्देह के घेरे में आ जाता। पिता के जीते जी उनका पक्षाघात नमिता के जीवन को प्रभावित तो करता है लेकिन स्लेट पर लिखे जाने वाले उनके बेज़ुबान शब्द उसे हर भटकाव से बचाते रहते—उसका मार्गदर्शन करते थे। इसलिए अगर ध्यान से देखा जाये तो लगता है कि पक्षाघात से पीड़ित आदर्शवादी अपने कर्तव्य और आदर्श के लिए समर्पित मज़दूर नेता देवीशंकर पाण्डे का चरित्र बेज़ुबान होकर भी नमिता के साथ-साथ इस उपन्यास की ताकत बन गया है। संजय कनोई के जीवन में उसका प्रवेश देवीशंकर पाण्डे की मृत्यु के बाद ही होता है। यहीं पर यह उपन्यास ट्रेड यूनियन और उसके संघर्ष से निकलकर व्यापार की दुनिया में प्रवेश करता है, जहाँ हर चीज़ बिकाऊ है। इस संस्कृति में भावनाओं का भी व्यापार होने लगा है। (रीतिंकाल के कवियों के विभावन-व्यापार की तरह नहीं)। ऐसे माहौल में पहुँचकर उपन्यास उसी तरह से लेखिका के हाथों से छूटा-सा लगता है, जैसे सत्य और आदर्श से छूटा हुआ आज का उपभोक्तावादी समाज। इसलिए उन्हें फिर सिनेमाई कौशल की सहायता लेनी पड़ती है। इसी कौशल से उन्हें उपन्यास का अन्त करना पड़ता है। चमत्कारिक ढंग से अन्ना साहब की मृत्यु की ख़बर से नमिता के गर्भ का गिरना न केवल नमिता को दोजख़ से निजात दिलाता है बल्कि उपन्यास को भी एक निश्चित दिशा देता है और चित्राजी के लेखकीय दायित्व को एक सुन्दर परिणति भी।

हर्षा के चरित्र की चर्चा न की जाए तो बात अधूरी रह जाएगी। उपन्यास को काव्यात्मक टेकनीक देने वाला यह चरित्र मुक्तिबोध और उनके व्यक्तित्वान्तरण के विचार की याद दिलाता है। नमिता पूरे उपन्यास में दूसरों के दिखाये रास्ते पर चलती है लेकिन उसके भीतर भी अपनी सोच है जो सामाजिक परिवेश के कारण बाहर नहीं आती। यह उसकी अपनी विवेकसम्मत सोच ही हर्षा के रूप में चेतावनी देती रहती है और अन्त में जब वापसी के लिए किशोरी बाई के घर को चुनती है तो हर्षा नमिता से अलग नहीं रहती। हर्षा की परिणति नमिता के विवेक में होती है। 'बड़े होने का बड़प्पन सिर पर गारे के तसले-सा सवार स्वयं उसे ठुनकने-मचलने, हठियाने से प्रतिबन्धित करता' मन हठीला हो उठता है। पाश की कविता का ज़िक्र उपन्यास को तो एक आयाम देता ही है, सामाजिक वैचारिक परिवर्तन में साहित्य की रचनात्मक भूमिका की सम्भावना की ओर भी निर्दिष्ट करता है।

इसीलिए चित्राजी का 'आवाँ' इधर के प्रकाशित अन्य उपन्यासों से अलग महत्त्व का है।

घर को तलाशती स्त्री

'कहती हैं औरतें' और 'कविता में औरत' को पढ़ते हुए लगभग तीन महीने हो गये। आप कहेंगे कि क्या दो किताबों को पढ़ने में तीन महीने लग सकते हैं? आप यह भी कह सकते हैं कि पढ़ने की कला स्त्री को आती ही नहीं? इन दोनों से अलग एक और बात हो सकती है जिसकी पहचान शायद आप कभी न कर पाएँ।

मैं कहती हूँ चूँकि स्त्रियाँ सपने देखना जानती हैं, सपने को सच करना भी जानती हैं। इसीलिए कई बार घर-परिवार (अब तो नौकरी भी) और उसके सपनों (आप कह सकते हैं सपने भी सिर्फ़ घर-परिवार के? काश आप यह जान सकते कि घर-परिवार की सीमा कहाँ तक है, खैर...) को पढ़ते-पढ़ते दूर हो जाती हैं ज्ञान बाँटती मोटी-मोटी किताबों से—चाहे वह स्त्री-चेतना के सिद्धान्तों से ही क्यों न पटी हों। पहले तो ऐसा इसलिए भी हुआ है कि स्त्री को पढ़ने का अधिकार नहीं था लेकिन आज स्त्रीवादी आन्दोलनों और महिला सशक्तीकरण के दौर में ठीक-ठीक यह भी नहीं कह सकते। पर कुछ तो है जो 'कहती हैं औरतें'।

कवयित्री अनामिका द्वारा सम्पादित इस पुस्तक को पढ़ना इसलिए नहीं महत्त्वपूर्ण है कि यह स्त्रीदृष्टि से सम्पादित स्त्री-लेखन है। इसको भुलाये बिना इसलिए भी कि यह कई देशों के कई पीढ़ियों के स्त्री-राग का आरोह-अवरोह है।

पहले दौर (नब्बे से पहले का दशक) में स्त्री ने अपनी कलम को तलाशना शुरू कर दिया था, क्योंकि मातृभाषा के ऋण से वह मुक्त नहीं हो सकती थी। यहाँ तक कि आदेश देने का हक भी अब स्त्री ने केवल मात्र उसी को दे रखा है—

वो है मेरी मातृभाषा डोगरी
निकालो कलम, ढूँढ़ती होगी मुझे वह,
जल्दी करो

—पद्मा सचदेव

मातृभाषा की ऋणी स्त्री अब गणित, अंग्रेज़ी, विज्ञान सब कुछ पढ़ने लगी है। इसीलिए जो स्त्री यह कहने लगी थी कि—

ज़ुबान के बारे में वह कभी नहीं सोचेगी
भूलकर भी नहीं

न ज़ुबान के बारे में
न हथेली के बारे में
न होठों के बारे में।

—गगन गिल

वही स्त्री बहुत पहले से ही करवट बदलने के बारे में सोचने लगी थी पर घर तब भी उसके हर सपने में था। इसीलिए वह बहुत देर तक करवट बदलने के बारे में सोचती है क्योंकि—

करवट बदलने पर
हड़बड़ा सकता है घर
घिर आ सकता है
तखत के गिर्द!

—ज्योत्स्ना मिलन

विश्वप्रसिद्ध चिन्तक नाओमी वुल्फ ने कहा है—"जिन्होंने 'अर्थक्वेक' का अध्ययन किया है, वे जानते हैं कि भूकम्प अचानक नहीं आते, न ही वे ऐसी सम्भावनाएँ होती हैं जिनका अनुमान न लगाया जा सके। वे युगों की विवर्तनिक दबाव का परिणाम होते हैं।" घर की हड़बड़ाहट के बारे में लगातार कई वर्षों तक सोचती स्त्री पर भी कई युगों के विवर्तनिक दबाव थे। इसीलिए अन्याय को अपनी नियति मान बैठी स्त्री अब यह कहने लगी है कि—

क्रोध एक ताकत है
उसे खोने नहीं दूँगी।

—इंदु जैन

यह नयी स्त्री अपनी ताकत को पहचानने लगी है लेकिन घर अब भी उसकी सोच में है। पिता और पति के घर के बीच स्थापित और विस्थापित होती स्त्री को यह एहसास हो गया था कि—

बाढ़, भूकम्प, सूखे, दंगों और युद्धों के बिना भी
स्त्रियाँ होती हैं विस्थापित।

—कमल कुमार

इसी एहसास ने उन्हें वह ताकत दी जिनसे 'उसका विवेक जगा था' और वह विस्थापितों के संघर्ष में क़दम-दर-क़दम आगे बढ़ती चली गयी, फिर पीछे मुड़कर नहीं देखा। क्योंकि उसे पता था—

हर अगला क़दम औरतों को
पिछले को ढहाकर उठाना होता है।
शार्टकट और पगडण्डियाँ
उनके लिए असुरक्षित होती हैं।

—कमल कुमार

इसीलिए अब तक अपनी ही सीमाओं में क़ैद अपने ही दुःखों में ऊब-डूब रही स्त्री को इस क़ैद से निकलना पड़ा। सारे विश्व की स्त्रियों का स्वर एक हो उठा। स्त्री-समाज एक ऐसा समाज है जो वर्ग, नस्ल, राष्ट्र आदि संकुचित सीमाओं के पार जाता है और जहाँ कहीं दमन है—चाहे जिस वर्ग, जिस नस्ल की स्त्री त्रस्त है—वह उसे अपने परचम के नीचे ले लेता है। तकलीफ़ें मिल-बाँटने का यह घरेलू तरीका अन्तरराष्ट्रीय क्षितिज पर ऐसा सफल होगा, किसने सोचा था। (अनामिका) यह वह समय था जब स्त्री-आन्दोलन की अनुगूँज सारे विश्व में पसर गयी थी। यह वह समय था जब उनका विश्वास लौटा था और वह उड़ान की तैयारी कर रही थी—

नहीं, यह सबसे कठिन समय नहीं!
अभी भी दबा है चिड़िया की
चोंच में तिनका
और वह उड़ने की तैयारी में है!

—जया जादवानी

मुक्ति के अर्थ में पहले भी चिड़िया का बिम्ब कई-कई बार आया है लेकिन स्त्री के सन्दर्भ में इस बिम्ब से जो अर्थ खुलता है, वह स्त्री सोच की पहचान का नया बिम्ब प्रस्तुत करता है। चिड़िया और घोंसले का जो रिश्ता होता है, वही स्त्री का घर से होता है। चिड़िया उड़ान भरती है तो भी तिनका लिए अपने घोंसले को ही जाना चाहती है। लेकिन स्त्री का घर कहाँ है?

दूसरे दौर (नब्बे के बाद) का स्त्रीवाद किनारों पर सिर पटककर लौट जाने के बजाय एक समुन्दर इरादे का धीरज और गाम्भीर्य पा गया है—

हमें कायदे से पढ़ो एक-एक अक्षर
जैसे पढ़ा होगा बी.ए. के बाद
नौकरी का पहला विज्ञापन!

सुनो हमें अनहद की तरह
और समझो जैसे समझी जाती है
नयी-नयी सीखी हुई भाषा!

—अनामिका

पुरुष और स्त्री अलग-अलग भाषाएँ नहीं बोलते, कहने का ढंग बेशक अलग हो। और कहने का यह जो स्त्रियों का अलग-सा ढंग है, उसे दोयम दर्जे की अभिव्यक्ति न कहकर उसका सौष्ठव अलग से पहचाने जाने की ज़रूरत है। इसी अलग ढंग से आज की स्त्री, स्त्री को देखने की अब तक की हर दृष्टि को बदल देना चाहती है। अब तक दासी, देवी, नदी, पत्थर, खेत, आग, मिट्टी सब तरह से स्त्री को देखा गया पर मनुष्य की तरह नहीं क्योंकि—

दासी से देवी बनने की अवधि में
मानुषी बनने की छूट नहीं होती...

—अरूपा बरुआ

साहित्य और कला की दुनिया में तो भारतीय संस्कृति की सबसे सुन्दर तस्वीर के रूप में स्त्री के आँसू पर ही कैमरा फिक्स हो गया है। 'स्त्रियों की ममता' और 'पुरुषों के हथियार' मिलकर कई-कई बार महान् आख्यान को रचते रहे हैं। प्राचीन ग्रन्थ हो, फ़िल्म हो—कोई आर्ट फ़िल्म ही क्यों न हो या कि कोई बढ़िया पेंटिंग हो, उन सबमें स्त्री पुरुष-दृष्टि से ही देखी गयी है। 'स्त्रियों के आँसू' उन्हें उसी तरह प्रिय हैं जैसे 'अपनी वीरता और अपना पौरुष'।

लेकिन आज की स्त्री, स्त्री की तसवीर निकालने वाले हर कैमरे को नया एंगल देना चाहती है। इस प्रक्रिया में उसे एकलव्य और शम्बूक याद आते हैं—

एकलव्य और शम्बूक मैं तुम्हारे एकान्त से
ईर्ष्या करती हूँ
क्योंकि मैं एक स्त्री हूँ और ब्राह्मणों की दुनिया
भंग करना चाहती हूँ।

—शुभा

उन्हीं की तरह तथा उनसे एक दर्जा नीचे रहने का दर्द लिए हुए स्त्री जब बोलती है तो अब तक का बना-बनाया वैचारिक और सामाजिक ढाँचा चरमरा उठता है। यही नहीं इनके 'अधबने' विचारों के आलोक से 'परे' बने विचारों की दुनिया काँपती है (शुभा)।

लोहिया की दृष्टि स्त्री के इस अधबने विचारों की तह तक गयी थी। लोहिया स्त्री विमर्श की बात करते हैं तो पूरे विश्व के हर वर्ग की स्त्रियों की दशा पर विचार करते हैं। भारत के बारे में वे जानते हैं कि यहाँ के लोगों का जीवन के प्रति उदासीन भाव का प्रमुख कारण है आबादी को जाति और लिंग के दो कठघरों में बाँटकर देखना। "नर चाहता है कि नारी अच्छी हो, बुद्धिमान भी हो, चतुर हो, तेज हो और अच्छी हो, उसके कब्ज़े में हो। ये दोनों भावनाएँ परस्पर विरोधी हैं। परतन्त्र व्यक्ति जीवन्त/ज़िन्दादिल नहीं हो सकता। स्वतन्त्रता जीवतन्ता की शर्त है। केवल मुर्दा चीज़ पर कब्ज़ा किया जा सकता है। अतः अगर पुरुष एक जीवन्त स्त्री चाहता है तो उसे परतन्त्र बनाने की मानसिकता त्यागनी होगी।"

कहा जाता है कि हमारे समाज में स्त्री की स्वतन्त्रता की बात आती है, तो वह दौर भी आता है, जब पुरुष भी मुक्ति की आवाज़ में आवाज़ मिलाता है। लेकिन वह मुक्ति के नाम पर 'भात राँधती', 'बच्चे जनने वाली' निहायत स्त्री के सामने कुछ तथाकथित आदर्श चरित्र को रखकर उन्हें और बौना बना देता है। लेकिन स्त्री के सपने में जो घर था, उसकी पहचान भला पुरुषों को कहाँ? उसके मुक्ति के सपने को वे लोग नहीं जान सकते जो घर के साथ स्त्री के रिश्ते और उन रिश्तों

के कुरुक्षेत्र में अपने आप से लड़ती स्त्री को नहीं जानते। क्या आप जानते हैं?

बता सकते हो तुम
एक स्त्री को स्त्री-दृष्टि से देखते
उसके स्त्रीत्व की परिभाषा?
अगर नहीं!
तो फिर क्या जानते हो तुम
रसोई और बिस्तर के गणित से परे
एक स्त्री के बारे में...?

—निर्मला पुतुल

यह चुनौती देती घर से प्यार करती स्त्री प्रेम की नयी परिभाषा सीख रही है अपने बच्चे से—

प्रेम
नहीं होता कुछ नहीं कहने के बारे में
यह है कुछ-कुछ कहने,
कुछ-कुछ दिखाने,
बार-बार कहने-दिखाने का क़िस्सा...

—रुक्मिणी भायानायर

यह दूसरे दौर का स्त्रीवाद अमरीका, ब्रिटेन और फ्रांस के विश्वविद्यालयों और विमेंस प्रेस आदि अकादमिक गढ़ों के बौद्धिक विमर्शों के पार बढ़ आया है। 'बड़ी लड़ाइयाँ अकेले लड़ी भी नहीं जा सकतीं'।

इस लड़ाई में पश्चिम की स्त्रियाँ एक तरफ़ गर्भ के वरण के अधिकार के सवाल उठाती हैं तो दूसरी ओर स्त्री के लिए 'कारखाने', 'शेयर', 'यूरेनियम' आदि की उपमाओं को लाकर इन अत्याधुनिक चीज़ों की उपयोगिता पर भी प्रश्नचिह्न लगा देती हैं।

भारतीय स्त्री की तरह की बेचैनी और छटपटाहट रूसी स्त्री-कविता में भी दिखायी पड़ती है—

लगता है जैसे फटे तम्बू के भीतर
मैं एक नर्तकी हूँ छोटी-सी
छाया हूँ किसी दूसरे की
पागल हूँ दो अँधियारे चन्द्रमाओं से घिरी।

—अन्ना आख्मतोवा

लेकिन यहाँ की स्त्री भी घर लौटने के सपने ही देखती है—

मैं घर लौट आयी हूँ
मैं छद्मवेशी नहीं हूँ।

रोटी नहीं चाहिए मुझे
मैं नौकरानी नहीं हूँ।

—मरीना त्स्वेतायेवा

इसी घर और अपनी 'निजता' के पक्ष में उनकी कशमकश वजूद को तलाशती है ताकि 'अहसास' बना रहे मुझे मेरे वजूद का।

अफ्रीकी स्त्री-कविता में भी अस्तित्व की यही छटपटाहट दिखायी पड़ती है। बल्कि इन्हें तो यह पूरा विश्वास है कि जीवन देने वाला यही चाहता है, चाहता ही नहीं बल्कि माँगता है—

जो आदमी तुमको आशीष में देता है जीवित शरीर—
क्या चाहेगा तुमसे बदले में—अस्तित्व के एहसास के सिवा?
एक शब्द बोलो मुझसे...

—फरो फरोख़जाद

यही एहसास लिए-लिए अपने घर से बँधी पूरे विश्व की औरतें बिना बन्धन के भी अन्तरराष्ट्रीय बहनापे के बन्धन में बँधती जा रही हैं और एक-दूसरे से अपने गुनाहों का हिसाब माँग रही हैं—

फिर उसने बढ़ाया अपने सीने से चिपटे चाँद को मेरी तरफ़ और कहा :
"रखो इसके सिर पर अपना हाथ
और खाओ कसम कि
तुम हो बेगुनाह
मासूम हो तुम"

—जावेद शाहीन, पाकिस्तान

ये गुनहगार औरतें *'जो बेचतीं नहीं अपने जिस्म/जो झुकातीं नहीं अपने सिर/जो जोड़तीं नहीं अपने हाथ'*—उन्हें अब पता चल गया है कि उनका गुनाह क्या है और अब वे अपने वजूद को भी पहचान चुकी हैं। भारतीय लोककथाओं में तो स्त्री अपने वजूद की तलाश में कभी कदली का फूल तो कभी चम्पा का फूल बन जाया करती थी, लेकिन खुशबू बन तब भी वे अपने आँगन में ही वापस आती थीं। इस तरह अपनी पहचान की तलाश में भटकती घर से बार-बार विस्थापित और स्थापित होती स्त्री की चीख खुशबू बनकर तैर रही है सदियों से पूरी दुनिया की हवा में—इस चीख की नयी लिपि, नयी भाषा मिलकर तैयार करेंगे एक नया व्याकरण, जिसे पढ़ा जाना अभी शेष है।

इस पुस्तक को पढ़ते हुए मुझे बार-बार यह लगता रहा कि पूरी दुनिया की स्त्रियों को एक साथ पढ़ना एक ऐसे ऐतिहासिक उपन्यास को पढ़ने जैसा है, जिसका एक बहुत बड़ा हिस्सा लिखा जाना शेष है। वह बहुत कुछ जिसे लिखा जाना शेष है उसकी अनुगूँज है 'कहती हैं औरतें' लेकिन 'कविता में औरत' अभी पढ़ी जानी है।

मृत्यु के भोज में ज़िन्दगी की तलाश

मिलान कुन्देरा ने अपनी पुस्तक 'आर्ट ऑफ़ दी नॉवेल' में लिखा है कि "उपन्यास का कार्य खोजबीन करना है न कि नैतिकता का आग्रह या निर्णय देना। यह अन्वेषण करता है और प्रश्न उछालता है। उसकी दिलचस्पी यथार्थ में नहीं स्वयं अस्तित्व में है, जो कुछ घटित हुआ है उससे उसका सरोकार नहीं है। उसकी अभिरुचि इसमें है कि मनुष्य क्या हो सकता है, उसकी क्षमताएँ क्या हैं?"

मन्नू भण्डारी का उपन्यास 'महाभोज' भी उन्हीं क्षमताओं की तलाश की दिशा में पड़ाव बिन्दु है। इसीलिए लेखिका ने यह पुस्तक उनको समर्पित किया जो सही मायने में ज़िन्दा हैं। वे लिखती हैं—"दुर्निवार सम्मोहन भरी उस ख़तरनाक लपकती अग्नि-लीक के लिए जो बिसू और बिन्दा तक ही नहीं रुकी रहती।"

आधुनिक युग में मार्क्सवादी विचार के साथ साहित्य में राजनीति के प्रवेश की चर्चा शुरू होती है। लेकिन सच तो यह है कि साहित्य और राजनीति का बहुत गहरा सम्बन्ध था, है और रहेगा। जैसे अन्य विषय साहित्य के लिखे जाने का कारण बनते हैं, वैसे ही राजनीति भी। इसलिए राजनीति भी साहित्य के लिए कच्चा माल है। इस उपन्यास को पढ़ने पर एक ख़याल मन में उठता है कि क्या कोई भी राजनीति से असम्पृक्त रह सकता है। अगर रह सकता है तो बिसू और बिन्दा जैसे सामान्य व्यक्ति क्यों राजनीति के शिकार हुए। इस सम्बन्ध में सार्त्र की याद आती है। सार्त्र के 'रिप्रीव' का एक पात्र है ग्रोसेलुई। वह अपढ़ किसान है। किसी को भी उससे डर नहीं है। उसमें नुकसान पहुँचाने की क्षमता ही नहीं है। वह दर-दर मारा-मारा फिरता है और अन्त में जेल भेज दिया जाता है। यह सब राजनीति के कारण होता है जिसका उसे कुछ भी ज्ञान नहीं है। मन्नू भण्डारी के 'महाभोज' को लेकर कुछ आलोचकों को बड़ी खलबली मचती है कि एक स्त्री राजनीतिक उपन्यास कैसे लिख सकती है? अजय तिवारी जैसे लोग तो तुरत-फुरत में यह सिद्ध कर देना चाहते हैं कि यह उपन्यास राजनीतिक है ही नहीं। ये आलोचक इस सम्बन्ध में अगर सार्त्र के 'रिप्रीव' को ध्यान में रखते तो ऐसी बेतुकी सिद्धियों में अपना समय न गँवाते। इससे भी महत्त्वपूर्ण बात यह है कि राजनीति भी अन्य विषयों की तरह कोई ऐसा विषय नहीं है जिसका सामना स्त्री से न होता हो। सच्चाई तो यह

है कि स्त्री और स्त्री जैसे दलित हर उस व्यक्ति से इसका सम्बन्ध कहीं अधिक गहरा होता है जो जिन्दगी की जद्दोज़हद के शिकार हैं। इसीलिए आज के समय में तो हर उस व्यक्ति को अपने अन्तर्जगत् से बाहर निकलने की आवश्यकता है जो ज़िन्दा रहने की शर्तों पर हस्ताक्षर कर चुके हैं। इसीलिए मन्नू भण्डारी को लिखना पड़ा–"अपने व्यक्तिगत दुखदर्द, अन्तर्द्वन्द्व या आन्तरिक 'नाटक' को देखना बहुत महत्त्वपूर्ण, सुखद और आश्वस्तिदायक तो मुझे भी लगता है, मगर जब घर में आग लगी हो तो सिर्फ़ अपने अन्तर्जगत् में बने रहना या उसी का प्रकाशन करना क्या खुद ही अप्रासंगिक, हास्यास्पद और किसी हद तक अश्लील नहीं लगने लगता?"

उपन्यास का प्रारम्भ ही राजनीति में आम आदमी की हिस्सेदारी से होता है जबकि बिसू की मौत के बाद चुनावी राजनीति में अचानक एक मामूली-सा आदमी इतना गैर-मामूली हो जाता है कि मौत के बाद भी पूरे उपन्यास में ज़िन्दा रहता है। "सच पूछा जाए तो बड़ा न आदमी होता है न घटना। यह तो बस मौके-मौके की बात है। मौक़ा ही ऐसा आ पड़ा है। इस समय तो सरोहा में पत्ते का हिलना भी एक घटना की अहमियत रखता है।" (पृष्ठ 9) चुनावी राजनीति की खलबली कब आग का रूप इख़्तियार कर लेती है, इससे आज के समय में कोई भी अपरिचित नहीं, लेकिन उस लपट की आँच को तो आम आदमी ही झेलता है जिसे मन्नू भण्डारी ने अपने 'महाभोज' उपन्यास का कथ्य बनाया है। सबसे महत्त्वपूर्ण बात यह है कि यहाँ इस आग की लपट में एक मरा हुआ आदमी बिसु और उसके सपनों का साझीदार बिन्दा तथा कानून को सच की राह पर ले जाने वाला एस.पी. सक्सेना झुलसे हैं। लेकिन यह लपट इस उपन्यास के दो महत्त्वपूर्ण पात्र दा साहब और सुकुल जी के माध्यम से राजनीतिक चरित्रों द्वारा अनपढ़ जनता के मानसिक शोषण की बात को भी उभारता है। स्वतन्त्रता के बाद यह समस्या हमारे देश की आज तक की सबसे बड़ी समस्या है जिससे अब तक हमें निजात नहीं मिल पायी है।

इस उपन्यास की कहानी बिसू की मौत से चुनावी राजनीति में मचने वाली खलबली से होती है। इसीलिए इस उपन्यास का मुख्य पात्र आम मनुष्य ही है लेकिन दा साहब और सुकुल जी की आपसी राजनीति को कुछ अधिक विस्तार मिल गया है। लेकिन यह विस्तार बिल्कुल अनावश्यक भी नहीं है, क्योंकि बिसू की मृत्यु के बाद के 'महाभोज' में शामिल होने वाले महापात्रों को 'महादान' दिये बिना बिसू की आत्मा के साथ-साथ लेखिका को भी मुक्ति कैसे मिलती।

दा साहब और सुकुल जी दोनों ही स्वतन्त्रता के बाद उत्पन्न अनैतिक मूल्यहीन राजनीति का प्रतिनिधित्व करते हैं। यह वह समय था जब राजनीति में मूलभूत परिवर्तन आया। अंग्रेज़ों को अपना दुश्मन मानने वाले लोग, देश को गुलामी से मुक्ति दिलाने वाले लोग ही अचानक सिद्धान्त और आदर्श की आड़ में आम आदमी पर शासन करने लगे। गाँधी जी के नेतृत्व में एक बड़े उद्देश्य के लिए लड़ रहे

लोग अचानक व्यक्तिगत स्वार्थों की पूर्ति को अपना चरम उद्देश्य बनाने लगे। इस अचानक आने वाली आँधी में जनता की आशाएँ निराशा में बदल गयीं और उनके सपने चिन्दी-चिन्दी होकर उड़ने लगे। हमारे बीच अब भी ऐसे नेता हैं जिन्होंने गाँधी के आदर्शों को तन ढँकने के खादी की तरह ओढ़ा। जितना ढँकने की कोशिश की उतने ही हम बेपर्दा हुए। वास्तव में स्वतन्त्रता के बाद की राजनीति में गाँधीवाद को डमी की तरह इस्तेमाल किया गया है। जितनी डफली उतने राग। दा साहब ऐसे ही साधक हैं जिन्होंने इस डफली पर जनता को साध रखा है। कानून और प्रसार माध्यम उन्हीं के राग अलापते हैं। यों उनका स्वयं जीवन बहुत सीधा-सादा है। "उनका निजी कमरा भी बहुत सादा है। तड़क-भड़क ताम-झाम कहीं कुछ भी नहीं। यह सादगी उनके पद के अनुरूप कतई नहीं पर उनके व्यक्तित्व के अनुरूप जरूर है।" (पृ. 11-12) दा साहब के पास एक वैचारिक आधार होने के कारण व्यक्तित्व और कार्यशैली दोनों में दृढ़ता है। ज़रूरी फ़ाइलें वे खुद ही घर पर देखते हैं। उनका विश्वास है कि काम वही अच्छा जो अपने हाथों से हो और अपनी नज़रों के नीचे हो। दफ़्तरों और अलग-अलग महकमों में फैली काहिली और गैर-ज़िम्मेदारी पर मन बड़ा क्षुब्ध रहता है दा साहब का और चाहते हैं कि केवल उपदेश न देकर वरन् अपना उदाहरण सामने रखकर लोगों को नसीहत दें। ''बापू यों ही इतने बड़े देश को अपने साथ त्याग के रास्ते पर चलाकर नहीं ले गये थे—पहले खुद चले थे उस रास्ते पर। आस्था से कही बात और आस्था से किया काम दूसरे तक न पहुँचे, यह हो ही नहीं सकता। नहीं पहुँचता है तो समझो कहीं तुम्हारी अपनी आस्था में कमी है।'' बापू की हर बात, हर आदर्श को गाँठ बाँधकर रखा है दा साहब ने।

कभी-कभी मन्नू भण्डारी दा साहब का चरित्र वर्णन तन्मयता से जिस भाषा में करती हैं वह उन्हें बिसू के गुनहगार रूप में सामने नहीं ला पाता। लेकिन यह दोष उपन्यास के कथ्य को सही राजनीतिक परिदृश्य देने में समर्थ हुआ है। यह सच है कि स्वतन्त्रता के बाद छद्म राजनीतिज्ञों को पहचान पाना कठिन हो रहा था। जनता उनके छद्म को उजागर करने में समर्थ नहीं थी। केवल राज करते रहे, बल्कि आम आदमी की पहले से ही क्षीण सोचने-विचारने की क्षमता की धार को कुन्द भी किया। उन्होंने जिस दृढ़ता और विश्वास और कुशलता के साथ यह काम किया, वह इतने वर्षों बाद आज भी हो रहा है। फिर भी इधर के वर्षों में जो परिवर्तन आया है, वह क़ाबिले-गौर है। दा साहब के प्रतिद्वन्द्वी सुकुल जी के भाषण के द्वारा मन्नू जी ने भी इसे स्वीकारा है—"इतने बौड़म तो अब नहीं रहे गाँव वाले—बल्कि कहना चाहिए, शहरियों के भी कान काटने वाली चतुराई आ रही है उनमें आजकल।" (पृ. 35)

गाँव में आने वाली जिस जागरूकता की बात यहाँ मन्नू जी कर रही हैं, वह यद्यपि छिटपुट ही हो रहा है लेकिन हो रहा है यह महत्त्वपूर्ण है। यह खाते-पीते स्वर्ग में रहने वाले शहरातियों के लिए चुनौती भी है।

अनैतिक और सिद्धान्तविहीन राजनीतिक सुकुल बाबू के पास तो कोई वैचारिक आधार भी नहीं है, कुर्सी के लिए वे इंसानियत की मात ज़रूरी मानते हैं—"कुर्सी और इंसानियत में बैर है। इंसानियत की खाद पर ही कुर्सी के पाये अच्छी तरह जमते हैं।" (पृ. 31) इसीलिए जनता का बँटा बिखरापन इनकी ताकत बन जाता है। यहाँ तक जनता को एक न होने देने के लिए सारी लड़ाई लड़ते हैं।

दा साहब और सुकुल जी दोनों ही ने अंग्रेज़ों से जनता में फूट डालने का गुण विरासत में लिया है। दा साहब ने 'मशाल' के सम्पादक दत्ता बाबू से जिन नेताओं की बात कही है वह ऐसे ही नेताओं (उनकी भी) की तस्वीर है—"दुहाई गरीबों की सब देते हैं पर उनके हित की बात कोई नहीं सोचता। जनता को बाँटकर रखा... कभी जात की दीवारें खींचकर, तो कभी वर्ग की दीवारें खींचकर। जनता का बँटा बिखरापन ही तो स्वार्थी राजनेताओं की शक्ति का स्रोत है।" (पृ. 43)

यह उपन्यास लोकतन्त्र की बखिया उधेड़कर रख देता है। आम आदमी हो या नेता (अगर वह इंसान है तथा सत्य की तह तक जाना अपने जीवन का लक्ष्य समझता है), सभी सत्ता के हाथों के कठपुतले हैं। दा साहब की सहृदयता का बाना ओढ़े तानाशाही स्वतन्त्रता के बाद भी लगभग तीन दशक की राजनीति को प्रतीकात्मक ढंग से प्रस्तुत करती है। इस तानाशाही के खिलाफ़ जो छिटपुट आवाज उन्हीं के भीतर से उठती है, लोचन उनका प्रतिनिधित्व करते हैं। लेकिन जनता और उपन्यास दोनों को निःशब्द आवाज़ देकर सशक्त बनाने का कार्य तो बिन्दा और सक्सेना ही करते हैं। उनकी यह ताकत आगे के वर्षों में और बढ़ी है। इधर भारतीय राजनीति में एक परिवर्तन आया है जो 'महाभोज' के समय तक नहीं था लेकिन जनता आज भी बुद्धि से कंगाल है। जिनके पास बुद्धि है वे भारतीय नागरिकता के मोहताज नहीं हैं। वे या तो यहाँ रहकर भी न रहने वालों की तरह ही रह रहे हैं या फिर विदेशों में नौकरी करना पसन्द करते हैं।

इस उपन्यास की एक खोज यह भी है कि मन्नू भण्डारी ऐसे चरित्रों को भी प्रतिनिधि रूप में प्रस्तुत करती हैं जो स्वतन्त्रता की लड़ाई में कहीं न कहीं चूके हैं। दा साहब का चरित्र यद्यपि बाहर-बाहर से ऐसा नहीं लगता लेकिन उनकी चूक उन्हें तन्त्र को अपने शिकंजे में लेने को उकसाती है। बिसू की मृत्यु की तफ़्तीश कर रहे पुलिस ऑफिसर सक्सेना भी दा साहब जैसे नेताओं की तरह स्वतन्त्रता की लड़ाई में सक्रिय रहे हैं, लेकिन उन्हें अपनी चूक प्रायश्चित्त करने के लिए उकसाती है। उनका ज़मीर अभी ज़िन्दा है। उन्हें अब भी लड़ाई के मैदान में गोलियाँ खाने के लिए छोड़े दिनेश की याद आती है। इसीलिए अपने हक के लिए लड़ने वाले बिन्दा में उन्हें दिनेश की तस्वीर दिखती है। "आज तक वे भीतरी उबाल और बाहरी दबाव के बीच टुकड़े-टुकड़े होकर हमेशा घुटने टेकते आये हैं। हर बार दिनेश को लड़ाई के मैदान में ले तो ज़रूर गये हैं पर जैसे ही गोलियाँ चली हैं उसे वहीं छोड़कर भाग

आये हैं। अकेला निहत्था। वह गोलियों की बौछार से लहूलुहान होता रहा है और ये खुद एक असह्य अपराधबोध से।" (पृ. 166) यह अपराधबोध उन्हें बिन्दा की सहायता के लिए अपनी नौकरी तक ख़तरे में डाल देने को बाध्य करता है।

मन्नू जी ने चुनावी अखाड़े का वर्णन तो किया है, लेकिन जीत और हार दिखाना उनका उद्देश्य नहीं है। बिसू की मौत में शुरू हुआ उपन्यास दा साहब और सुकुल बाबू के व्यक्तिगत द्वन्द्व का अखाड़ा बन जाता है। जिसमें सही समय पर सही दाँवपेंच का इस्तेमाल करने वाला जीतता भी है। इसलिए कभी दा साहब के घर पार्टी मनायी जाती है तो कभी सुकुल के समर्थकों के बीच। लेखिका की दृष्टि तो उस पर है जो कि इस लड़ाई में कहीं नहीं शामिल है, फिर भी सदा हारता है। यह हार उसकी नियति बन गयी है। हार-पर-हार झेलता यह आदमी इन नेताओं के किसी सुख जश्न में नहीं शामिल होता लेकिन उनके सुख का कारण वही होता है। "शहर के अलग-अलग भागों में अलग-अलग ढंग से जश्न मनाती मौज-मस्ती में डूबी इस विशाल बिरादरी से कटे हुए तीन लोग सक्सेना, लोचन बाबू और बिन्दा पूरी तरह उपेक्षित परित्यक्त और एक तरफ़ फेंके हुए हैं।" (पृ. 164) सक्सेना, बिन्दा और लोचन बाबू वर्षों से परित्यक्त फेंके हारे हुए लोग हैं। लेकिन 'महाभोज' इन्हें ताकत देने की दिशा में ले जाता है। यद्यपि मन्नू जी ने दा साहब और सुकुल बाबू के चुनावी द्वन्द्व को अनावश्यक विस्तार दिया है, लेकिन इस द्वन्द्व के केन्द्र में बिसू की हत्या ही है। एक निहायत ही मामूली आदमी बिसू विशेष तब बनता है जब बिन्दा और सक्सेना और लोचन बाबू जैसे लोग व्यवस्था को बदलने में विश्वास पैदा करते हैं। "मार डालो, मार डालो, तुमने बिसू को मार डाला, मुझे भी मार डालो, लेकिन देखना बिसू की इच्छा को कोई नहीं मार सकता।" (पृ. 167) यह उपन्यास भी विशेष तभी बनता है।

यद्यपि इन पात्रों को उपन्यास में कम स्थान मिला है लेकिन इनके होने की आहट शुरू से अन्त तक है। यही इसे सार्थक परिणति की ओर ले जाता है जो किसी भी उपन्यास की सबसे बड़ी सार्थकता है।

लेखिका ने जिस कला-कौशल से इस दारुण कथा को स्वर दिया है, वह हमारे लोकतन्त्र को बेपर्दा कर देने वाला है—"लोगों के घर-ज़मीन और गाय-बैल ही रेहन नहीं रखे हुए हैं, जोरावर और सरपंच के यहाँ उनकी आवाज़ और जवाब तक बन्धक रखी हुई हैं।" (पृ. 128) एक जगह और बिन्दा का कथन महत्त्वपूर्ण है, "उसे मारा गया है। क्योंकि वह ज़िन्दा था। ज़िन्दा रहने का मतलब समझते हैं न आप? लोग भूल गये हैं ज़िन्दा रहने का मतलब इसीलिए पूछ रहा हूँ?" (पृ. 124)

इन सवालों तथा स्वतन्त्रता के बाद की फासीवादी राजनीति से उत्पन्न भयावह स्थिति को जिस नयी भाषा की दरकार है, उसे मन्नू जी ने अपने उपन्यास में शब्द दिया है। क्योंकि आज के समय में जहाँ जीने के मायने बदल गये हैं, वहाँ सक्सेना

सस्पेंशन के बाद तथा जेल की मार के बाद भी संघर्ष के लिए तैयार है।

यह उपन्यास अस्सी के दशक का है जबकि उपन्यास की लम्बी चुप्पी टूटने लगी थी। सामाजिक मूल्य और मानदण्ड के साथ-साथ औपन्यासिक मूल्य और कला भी नयी भावभूमि तलाशने लगे थे। भाषा में विधाओं के भेद मिट रहे थे। इस उपन्यास में भी मन्नू जी ने एक गैर-राजनीतिक भाषा से राजनीतिक माहौल बनाया है–

"लोगों में फैली निराशा से बड़ी आशा जागी सुकुल बाबू के मन में।" (पृ. 83)

"चेहरा तो ऊपर उठा लिया है पर दिमाग़ कहीं फ़ाइलों में अटका रह गया है।" (पृ. 37)

सुकुल बाबू के भाषण का एक शब्द-दृश्य–"मंजमे में हल्की सुरसुराहट होने लगी तो सुकुल बाबू के चेहरे पर चमक और आवाज़ में तेज़ी आ गयी।"

आँखों के लिए मंजरी विशेषण इस उपन्यास में बार-बार आया है जो बिल्कुल नया प्रयोग है।

भाषा का यह रिद्मिक एप्रोच न होता तो निश्चय ही उपन्यास अपनी कसावट में बिखर सकता था–बाह्य रूप से ही नहीं, अपने आन्तरिक लय में भी। यह कसावट उपन्यास के दिशा पा लेने का संकेत है। क्योंकि यह उपन्यास स्वतन्त्रता के बाद उत्पन्न भयावह परिदृश्य टूटी-बिखरी जनता की दारुण परिस्थितियों को शब्द देकर तलाश की जिस भावभूमि पर ले जाता है, वह हम सब लोगों के ज़िन्दा रहने पर, प्रश्नचिह्न लगाता है। तलाश की यह भूमि, सवालों के ये तेवर कथ्य के लय को टूटने नहीं देते।

निचले तल की सुगबुगाहट से हलचल की आहट 'दारोश'

आज़ादी के बाद कहानी मुख्यतः दो रूपों में विकसित हुई। एक प्रेमचन्दीय परम्परा जिसमें शिवमूर्ति, संजीव और हरनोट आदि कहानीकारों को शामिल किया जा सकता है। दूसरी, प्रेमचन्दीय परम्परा को तोड़ती हुई और लगभग कहानी कला की बनी-बनायी हर परम्परा से अलग-थलग जिसमें उदयप्रकाश जैसे कहानीकार हैं। अगर प्रेमचन्दीय परम्परा को तोड़कर कहानी को कहानी बनाये रखना बड़ी प्रतिभा की माँग करता है तो प्रेमचन्दीय परम्परा को मौलिक रूप में विकसित कर पाना कहानीकार के लिए उससे भी बड़ी चुनौती है। इसीलिए प्रेमचन्दीय परम्परा उनकी छाया से मुक्त नहीं हो पायी है। छाया से मुक्त हुए बिना परम्परा सही मायने में विकसित नहीं हो सकती। लेकिन एस.आर. हरनोट की कहानियों में वही परम्परा पहाड़ी नदी की तरह उन्मुक्त होकर प्रवाहित हुई है।

'दारोश' एस.आर. हरनोट का दूसरा कहानी-संग्रह है। पहाड़ी अंचल और भाषा की खुशबू तथा ताजगी लिए ये कहानियाँ इस तेज़ रफ़्तार दुनिया में हाशिये पर चले गये लोगों की सशक्त वापसी का संकेत करती हैं। मुख्यतः वृद्ध और बच्चे के इर्द-गिर्द घूमती ये कहानियाँ कमज़ोर और उपेक्षित समाज में एक अद्भुत ऊर्जा का संचार कर सकती हैं। वृद्ध और बच्चे—ये दोनों ही आश्चर्यजनक ढंग से आज के साहित्य से नदारद हैं। वृद्ध तो कहीं-कहीं आते भी हैं। अधिकतर उनकी ज़िन्दगी का ठहराव ही रचनाओं का विषय बना है। लेकिन बच्चे तो लगभग पूरी तरह से ग़ायब हैं। देखने की बात यह है कि ये दोनों ही हरनोट के यहाँ डूबते हुए समाज को न केवल बचा लेते हैं, बल्कि वर्तमान पीढ़ी को दिशा देने में भी समर्थ हैं।

आज़ादी के बाद गाँव के विकास के नाम पर सड़कें आदि बनने के कारण दूरियाँ तो कम हुई हैं लेकिन रिश्तों के बीच दूरियाँ उतनी ही तेज़ी से इस हद तक बढ़ती गयी हैं कि शताब्दियाँ लग जाएँगी उन्हें तय करने में। नगरों के भीड़ भरे अँधेरे में युवा पीढ़ी इस तरह से खो गयी है कि रोशनी को देखकर पहचान कर भी उसे छू सकना उनके वश की बात नहीं।

'बिल्लियाँ बतियाती हैं' कहानी में पैसे लेने के लिए शहर से गाँव आया बेटा अम्मा के प्यार को महसूस तो करता है लेकिन शहरी विडम्बनात्मक परिस्थितियाँ उसे

प्यार भरे रिश्तों को स्पर्श करने की इजाज़त नहीं देतीं। इसीलिए जब वह अम्मा के प्यार को बिल्लियों में बँटते देखता है तो–'मन किया ज़ोर से चीखे, रोए। चिल्लाए। कहे कि मुझे अम्मा तुम्हारा प्यार चाहिए। पैसे नहीं...। मन की चीख पुकार मन में ही घुट कर रह गयी। ज़ुबान ही जैसे बन्द हो गयी हो। वह न कुछ सुन सकता है और न कुछ बोल सकता है। अँधेरे की परतों ने जैसे उसे पूरी तरह से जकड़ लिया हो। पाँव ज़मीन में घुस गये हों। उसे नहीं पता वह ऊपर है या कि नीचे। धरती पर है या आसमान पर। खड़ा है या कि बैठा हुआ।' (पृ. 23)

यह कैसा अँधेरा है जिसकी जकड़न आदमी को अपाहिज बनने पर मजबूर कर देती है। इस अँधेरे की ओर इस उत्तर-आधुनिक समय में लोगों का ध्यान कम जा रहा है, या नहीं के बराबर जा रहा है। इसी अँधेरे, इसी जकड़न, इसी उलझाव को हरनोट की कहानियाँ मुक्त और सुलझे हुए शब्दों द्वारा सूरज की पहली किरण-सी उजाले में लाने का प्रयास हैं।

'बिल्लियाँ बतियाती हैं', 'काग भाखा', 'बीस फुट के बापूजी' आदि कहानियाँ एक ओर अजीब किस्म की भावनाशून्यता, टूटते रिश्तों की दस्तावेज़ हैं तो दूसरी ओर ये कहानियाँ, पशु-पक्षी और प्रकृति से आदमी के निर्व्याज रिश्तों की गर्माहट भी समेटे हैं।

आज़ादी के बाद देश की राजनीति में शताब्दी-पुरुष महात्मा गाँधी को सबने अपने-अपने ढंग से इस्तेमाल किया है। 'बीस फुट के बापूजी' कहानी में शिमला के रिज पर लगी बापू की मूर्ति पर्यटकों और प्रेमीयुगलों के लिए पिकनिक स्पॉट, तो आम लोगों के लिए बुत की आड़ सबसे सुरक्षित शौचालय, तो किसी के लिए अपने सामान टाँगने और रखने की जगह तो प्रशासन के लिए कभी-कभी दिखाने वाला आदर्श और श्रद्धा। लेकिन 'घोड़े की पीठ जितनी ज़िन्दगी जीने' वाले चाचू के लिए तो श्रद्धा और विश्वास का आईना बन गया था वह बुत। बापू की मूर्ति को बीस फुट ऊँचा उठाया जाना इस कहानी को एक प्रतीकात्मक आयाम देता है। मनमाने ढंग से बुत का इस्तेमाल बीस फुट ऊँचा उठाते ही बुत को कम से कम बाह्य रूप से सबकी दृष्टि को ऊँचा उठने के लिए मजबूर कर देता है। लेकिन चाचू को लगता है–'कि पहले बापू का बुत और वह एक जैसे थे। पर अब तो बुत बीस फुट ऊँचा हो गया है। काश! वह भी बीस फुट ऊँचा हो जाता। लोग अब क़द से डरते हैं।' (पृ. 38)

यह सीधा-सादा वाक्य आज के उस पूरे सामाजिक, राजनीतिक परिदृश्य को चुनौती है, जहाँ आदमी की आदमीयत दिन-ब-दिन बौनी होती जा रही है। इन अवधारणात्मक प्रतीकों के बावजूद यह कहानी विशेष इसलिए बन पड़ी है कि टूटते-बिखरते मूल्यों के समानान्तर हरनोट एक ऐसे संसार को रचना चाहते हैं जहाँ अब भी सम्भावनाएँ हैं। रिज पर चाचू का बेटे, बहू और पोते से पर्यटक के रूप में

मुलाकात की घटना इस कहानी और चाचू को तो ऊँचा उठाती है लेकिन अंग्रेज़ियत की गिरफ्त में फँसे बेटे को न केवल बौना बनाती है बल्कि उसकी खुद की नज़रों में भी बौना कर देती है—'युवती स्तब्ध रह गयी थी। कुछ नहीं समझ पायी। पर युवक के भीतर चाचू की रुआँसी आवाज़ रिसती चली गयी। चाहते हुए भी वह चाचू को नहीं रोक सका। चाचू भीड़ को चीरता हुआ रिज के दूसरे छोर तक निकल गया। युवक की नज़रें बापू के बुत पर टिक गयीं।' (पृ. 39) यहाँ बेटे का पिता को न रोक पाने की विवशता उसकी ऊँचाई को न छू पाने की स्वीकृति है।

प्रेमचन्द के 'ईदगाह' कहानी की याद दिलाती कहानी 'माफिया' बाल मनोविज्ञान पर आधारित है। इधर हिन्दी कहानियों से बच्चों का ग़ायब होना बड़ी भयावह स्थिति है। 'माफिया' इस भयावहता को कुछ कम तो करती ही है, साथ ही उनकी यह वापसी कहानी को हक़ीक़त का ऐसा मुकम्मल रूप देती है, जहाँ भविष्य के लिए अनेक सम्भावनाएँ हैं। दरअसल दादी, नानी की कहानियों के ग़ायब होने के साथ-साथ क़िस्सागोई की एक ऐसी परम्परा का भी अन्त हो गया, जो वाचिक तो था ही, बच्चों के लिए कहानी से ज़्यादा हक़ीक़त भी था। इस कहानी में मोर के पाँव चिड़िया ने नहीं लौटाये—'दादी के लिए कहानी होगी पर चुन्नी के लिए हक़ीक़त बन गयी।' (पृ. 41) इसीलिए चुन्नी का बालमन माफिया गिरोह से जुड़े अपने पिता में फ़र्क़ नहीं करता जो उधार लिए हुए मोर के पाँव नहीं लौटाती। चुन्नी की निश्छल दुनिया में चिड़िया और मोर को मारकर दावत करने वाले पिता के लिए कोई जगह नहीं है। इसीलिए उसका गोली चलाकर चिड़िया को मारना प्रतीकात्मक ढंग से अन्याय के विरुद्ध उठने वाली पहली आवाज़ बन जाता है।

रूढ़ियाँ और सड़ी-गली परम्पराएँ अब हमारे गाँवों के विकास में बाधा की तरह जीवित हैं। हरनोट ने इन रूढ़ियों का इस्तेमाल लगभग मिथक की तरह परिवर्तन के सशक्त माध्यम के रूप में किया है। 'लाल होता दरख़्त' कुछ हद तक 'हिरख' और 'दारोश' भी इसी तरह की कहानियाँ हैं।

'दारोश' इस संग्रह की सबसे प्रभावशाली और आहत कर देने वाली कहानी है। यहाँ हरनोट स्त्री के हक और अस्तित्व की लड़ाई में शरीक होते हैं। आज जहाँ एक ओर अन्तरिक्ष में क़दम रखती स्त्रियाँ हैं तो दूसरी ओर ऐसी स्त्रियाँ हैं जिनके लिए स्त्री होने का मतलब अभिशाप और जिल्लत भरा जीवन है। लेकिन कानम जैसी लड़कियाँ जब विद्रोह करती हैं तो हरनोट की भाषा बिना किसी शोर-शराबे के हल्की-सी आहट से सारे परिदृश्य को बदल देने में समर्थ है—'घर पहुँचने से पहले ही यह ख़बर वहाँ पहुँच गयी है। घर ही नहीं गाँव में दूर-दूर तक। आँगन पहुँचते-पहुँचते दस-बारह लड़कियाँ और औरतें कानम को घेर लेती हैं। सभी की बाँहों का घेरा भी कानम को अकेला कर देता है। किसी लड़की ने नाटी के बोल गुनुनाये हैं। सभी के चेहरों पर एक अप्रत्याशित प्रसन्नता झलक रही है। बाँहों के

घेरे को लाँघती कानम की नज़रें भीतर चूल्हे के पास बैठी माँ के चेहरे पर पड़ती हैं। जलती लकड़ियों के प्रकाश में माँ का गम्भीर चेहरा—कानम के लिए भाव पढ़ना अगम्य है। पास अभिभूत से बैठे बड़े पिता को देखकर कानम अनबूझी आँखों से उन दोनों को देखने लगी है। वह हाथ में चिमटा लिए जलती लकड़ियों के अंगारे छेड़ रहे हैं। कानम ने पहली बार उन्हें माँ की बगल में बैठे देखा है। मायूस। असहाय से।' (पृ. 121) यद्यपि इस कहानी का अन्त 'चाक' की सारंग की याद दिलाता है। फिर भी 'नानापुराणनिगमागमसम्मतं यद् क्वचिदन्यतोऽपि तुलसी रघुनाथ गाथा' की तरह यहाँ कुछ और भी है जो इसकी मौलिकता को बरकरार रखते हैं। एक तो ज़्यादातर स्त्री की समस्या को लेकर लिखी रचनाएँ स्त्रियों द्वारा लिखी गयी हैं। 'दारोश' पुरुष द्वारा लिखी जाने वाली गाँवों में प्रचलित वर्षों पुरानी कुप्रथाओं के खिलाफ़ आवाज़ उठाने वाली स्त्री की कहानी है। और सम्भवतः रूढ़ परम्पराओं के खिलाफ़ आवाज़ उठाने में पहली बार गाँव खड़ा है।

बहुत कम लोग जानते हैं कि हरनोट दलित हैं क्योंकि इन्होंने अपने दलित होने को प्रचारित नहीं किया जैसा कि आज हो रहा है। लेकिन इनकी कहानियों के बहुत से पात्र अवर्ण और सवर्ण के बीच मज़बूत पुल का काम करने में समर्थ हैं। दरअसल अपने को दलित कहने वाले रचनाकारों को भी 'कम्यूनिस्ट मेनिफेस्टो' की तरह की एक नियमावली तैयार करना चाहिए कि दलित होने के मायने क्या हैं? नहीं तो उनकी संकीर्ण मानसिकता ही इस आन्दोलन को असफल बनाएगी। हरनोट इन सवालों के लिए जवाब बन सकते हैं। इनके यहाँ ब्राह्मण पात्र भी दलितों की लड़ाई में शामिल हैं। न केवल शामिल हैं बल्कि गुपचुप सारे गाँव से लड़ाई मोल ले लेते हैं। 'हिरस' का किशनू और उसके दादा ऐसे ही पात्र हैं। संघर्ष के लिए हर चुनौती को स्वीकार करने वाला उसका बालमन नाजायज औलाद के लिए 'नीच की औलाद' जैसे अपशब्द के समानान्तर 'ब्राह्मण की औलाद' को रखने में संकोच नहीं करता।

यह आकस्मिक नहीं है कि यहाँ भी संघर्ष के लिए वृद्ध और बच्चे ही खड़े होते हैं। यह आज की पीढ़ी की ख़तरनाक किस्म की चुप्पी का संकेत है। हाशिये पर खड़े लोगों की कहानियों के मुख्य और सशक्त पात्र के रूप में पहाड़ी छल-छद्म से मुक्त परिवेश और सादगी में देखना परिवर्तन की ओर इशारा है। छल-छद्म से मुक्त ये शब्द-चित्र लेखक को भी हाशिये पर जाने से बचा लेता है। इन सभी कहानियों के केन्द्र में एक ऐसा विद्रोह है जो क्रान्तिकारी परिवर्तन लाने में सहायक हो सकता है। ध्यान देने की बात यह है कि हर कहानी में यह भाव दबे और उपेक्षित पात्रों के द्वारा ही व्यक्त हुआ है। लेकिन उससे भी ज़्यादा ध्यान देने की बात यह है कि इस विद्रोह की आहट आक्रामक न होकर संरचनात्मक है।

'बिल्लियाँ बतियाती हैं' की अम्मा का अपने बेटे के पैसे वापस करना और बिल्लियों से गुपचुप सम्बन्ध बना लेना या 'बीस फुट के बापूजी' के चाचू का अकेले

रहकर काम करते रहने का निर्णय, या 'माफिया' के चुन्नी का गोली चलाना या 'कागभाखा' की दादी का परधान के खिलाफ़ बयान या 'बच्छिया बोलती है' में बछिया के माध्यम से बहू का विद्रोह या 'लाल होता दरख़्त' में पुरानी प्रथाओं और दहेज के खिलाफ़ मुन्नी का फैसला या 'हिरख' में किशनू का सरपंच की काली करतूतों को उजागर करना या 'मिस्त्री' का बदरू के खिलाफ़ ताकत बनकर खड़ा होना या 'दारोश' कहानी में कानम का विवाह की कुप्रथाओं की आड़ में बलात्कार के खिलाफ़ विद्रोह या फिर अन्तिम कहानी 'मुट्ठी में गाँव' में मंगली का विद्रोह। ये सभी विद्रोह आने वाले समय की बदलती तसवीर की सुगबुगाहट हैं। इसलिए यह सुगबुगाहट लेखक-पाठक के बीच संवाद करती हुई एक अद्‌भुत हलचल का रूप ले सकती है।

बोल कि लब आज़ाद हैं तेरे

नासिरा शर्मा की किताब 'सबीना के चालीस चोर' सन् 1987 में आयी थी, तब भी पढ़ी थी लेकिन इस तरह नहीं। शायद इसलिए कि पढ़ने के लिए पढ़ने और लिखने के लिए पढ़ने में फ़र्क़ होता है। या शायद इसलिए कि यह वह समय था जब गुजरात किसी व्यक्ति का नहीं हिन्दुस्तान का था। या शायद इसलिए कि नासिरा जी की बहुचर्चित किताबें 'जहाँ फ़व्वारे लहू रोते हैं' और 'संगसार' तब नहीं आयी थीं। सबसे ज़्यादा इसलिए कि तब उन्हें एक मुसलमान लेखिका कहे जाने की कोशिश नहीं हुई थी। इसीलिए जब बीते दशक को चीरते हुए दोबारा इस किताब पर नज़र पड़ी तो लगा कि इन तमाम बातों के बीच यह पुस्तक नये पाठ की माँग करती है। आजादी के पचास वर्षों की पड़ताल करती ये कहानियाँ जिन सवालों को उठाती हैं, वे इन दस वर्षों में कुछ और मुखर और बड़े हुए हैं।

'जहाँ फ़व्वारे लहू रोते हैं' पुस्तक में वे लिखती हैं—"ईरान मैं अन्तिम बार 1982 में गयी। उसके बाद बहुत कुछ गुज़रा। जानने वाले बिखर गये। पते खो गये। घर बम से उजड़ गये। उन सारे हादसों को मैं शब्दों से गढ़कर अपनी कहानियों में जीवित करने लगी। 'संगसार' कहानी संग्रह उन्हीं यादों का एक काफ़िला है।"

आप सोच रहे होंगे इन पंक्तियों से 'सबीना के चालीस चोर' का क्या रिश्ता बनता है? दरअसल ये पंक्तियाँ किसी एक पुस्तक नहीं बल्कि रचना से रचनाकार के रिश्ते को बयाँ करती हैं। इसीलिए जिन यादों के काफ़िले का ज़िक्र ऊपर नासिरा जी ने किया है, 'सबीना के चालीस चोर' को उसकी बुनियाद समझिए। इस अविस्मरणीय काफ़िले में अकेले नासिरा जी अपनी सभी इन्द्रियों के साथ शामिल हैं। यह काफ़िला भारत के पूर्वी गाँवों की गली, मुहल्लों में घूमता है, देखता है, सूँघता है, खुलता है, छूता है और अलग-अलग दृश्यों से इशारा कर बहुत कुछ कहता है।

आज़ादी के बाद बहुत कुछ बदला। सपने देखती आँखें निराश हुईं। सपने में रंग भरते लोग बेरंग हुए। एक ओर पूरी दुनिया के तार जुड़े तो दूसरी ओर आपसी रिश्ते बेतार हुए। सबसे ज़्यादा यह कि रिश्ते चाहे देश के हों, परिवार के हों, टूटे। इसी टूटन और बिखराव की पड़ताल हैं ये कहानियाँ। ज़ाहिर है यह पड़ताल नये रिश्तों की ओर भी ले जाती है।

आज़ादी की अर्द्धशती पर प्रकाशित इन कहानियों में एक ओर क़ैद होती इंसानियत की तसवीर है तो दूसरी ओर उपेक्षित और कमज़ोर आवाज़ों की अकुलाहट और साफगोई भी–"तुम्हें देखना और समझना होगा कि जो हमें बचाते हैं, उनका भी कहीं कोई उजड़ और पिट रहा है। भूलने और माफ करने की आदत डालो, इसी में अमन है।" (पृ. 157) 'सबीना के चालीस चोर' गौर करने की बात है कि यह छटपटाहट छोटी-छोटी सायरा, मुन्नी, गुल्लो और सबीना जैसी लड़कियों को एक ऐसे रिश्ते में बाँधती है, जहाँ जाति, धर्म या फिर उम्र कोई भी बन्धन आड़े नहीं आता। इस किताब के फ़्लैप पर लिखी पंक्तियों पर ध्यान जाता है–"सबीना एक छोटी लड़की है, जो बड़ों जैसी दृष्टि और समझ रखती है। उसका मानना है कि फ़साद कराने वाले, दूसरों का हक मारने वाले ही चालीस चोर हैं, वे हमेशा कमज़ोर वर्ग को दबाते हैं। इसी सबके बीच बार-बार अपने होने का अहसास दिलाती छोटी-छोटी मगर समझदार लड़कियाँ समूचे संघर्ष का हिस्सा हैं, अलग-अलग कहानियों में अलग-अलग किरदार निभाती सबीना से लेकर गुल्लो, सायरा, चम्पा, मुन्नी जैसी लड़कियों में नासिरा शर्मा खुद को ही 'प्लांट' करती हैं।" कुछ इसी तरह की बात भीष्म साहनी ने खुद अपने लिए कही है–"मेरा एक ही प्रिय पात्र है जो कभी स्त्री का, तो कभी पुरुष का, तो कभी युवक अथवा युवती का रूप लेकर पन्नों पर उतरता है। जब भी उसके बारे में सोचता हूँ तो उद्वेलित-सा महसूस करता हूँ। कहीं पर वह व्यक्ति अपने परिवेश में सही नहीं बैठता। उखड़-सा जाता है, उसमें रस-बस नहीं पाता। अपने परिवेश में रहते, साँस लेते हुए भी उसके साथ उसका मेल नहीं बैठता।" यह वक्तव्य कथाकार के हर पात्र, हर उम्र, हर परिवेश में ढल जाने का ईमानदार करारनामा है। पात्र का अपने परिवेश से उखड़ना, अलग-थलग दिखना ही उसके ज़िन्दा होने का अहसास है। 'सबीना के चालीस चोर' संग्रह की सबीना जैसी लड़कियाँ भी जिस परिवेश में जीती हैं, उससे बाहर झाँकता उनका व्यक्तित्व ही उन्हें पहचान दिलाता है। वे बाहर आना चाहती हैं, बोलना चाहती हैं, किसी फ्रेम में फिट नहीं होना चाहतीं।

इसी संग्रह की एक कहानी है 'नौ-तपा'। इस शब्द के तीन शेड्स यहाँ देखे जा सकते हैं। एक गर्मी की लू भरी दोपहर, दूसरे–आज़ादी के बाद आनन-फानन में अमीर हुआ–नव धनाढ्य। तीसरे 'मेहनतकश किसान और मज़दूरों के संघर्ष का 'नया ताप'। यह तीसरा वर्ग अपनी लड़ाई हर कीमत पर लड़ने को तैयार है। सच बोलने की कूवत रखता है–"हाँ, यह मकान मेरे बाप का है... सौ बार कहूँगा...बार-बार कहूँगा, चाहे तुम मुझे मार डालो।" (पृ. 155), नौ-तपा यह नव धनाढ्य बब्बन के खिलाफ़ लच्छू की आवाज़ मात्र नहीं है बल्कि गुण्डाराज के खिलाफ़ मेहनतकश की आज़ादी के लिए छटपटाती फरियाद है। धूमिल की 'मोचीराम' कविता में संघर्ष की ऐसी ही छटपटाती आवाज है–*"एक जूता और है जिससे पैर को, 'नाँधकर' एक*

आदमी निकलता है/सैर को/न वह अक्लमन्द है/न वक़्त का पाबन्द है/उसकी आँखों में लालच है...घण्टे भर खटवाता है/मगर नामा देते वक़्त/साफ नट जाता है/शरीफ़ों को 'लूटते हो' वह गुर्राता है/और कुछ सिक्के फेंककर/आगे बढ़ जाता है/...चोट जब पेशे पर पड़ती है/तो कहीं न कहीं चोर कील/दबी रह जाती है/जो मौक़ा पाकर उभरती है और अँगुली में गड़ती है।"

जूतों से झाँकती उँगलियों पर पड़ती चोट को धूमिल ने सहा था इसीलिए पेशे पर चोट करने वाली उँगलियों को घायल करने से परहेज नहीं करतीं। 'नौ-तपा' कहानी के लच्छू की आवाज़ नासिरा जी का पीछा करती है। दूर तक। 'संगसार' की भूमिका में वे लिखती हैं—"ये कहानियाँ इन सालों की अभिलाषाओं, इच्छाओं और सपनों की दस्तावेज़ मात्र हैं, किसी धर्म, विचार, मत की अच्छाई और बुराई को बताने का रोजनामचा नहीं, बल्कि ये उन बदनसीब शहीदों के पंचनामे हैं जिन्होंने अपने वतन को सायेदार दरख़्तों से ढकना चाहा, खेत और कारखानों से सजाना चाहा।"

रिश्तों की कई-कई शक्लें मौजूद हैं इन कहानियों में। देश से व्यक्ति का रिश्ता, घर से स्त्री का, स्मृतियों से बच्चों का, विरासत से ज़मीन का और मौत से ज़िन्दगी का—"उन्हें भी जो दूर चले जाते हैं, एक दिन यहाँ आना पड़ता है। बड़े शहरों में अब ज़मीनें मिलती कहाँ हैं। मिलती भी हैं तो बड़ी दौड़-धूप के बाद, मुश्किलों से, वह भी महँगी। ठीक है इस क़ब्रिस्तान के बहाने खानदान एक जगह सोएगा।" (पृ. 17), 'विरासत'।

रिश्तों की भिन्न-भिन्न शक्लों को उकेरती भाषा से एक जादुई रिश्ता बन जाता है। यह ज़िन्दा भाषा नासिरा जी के कथा-काफ़िले को ज़िन्दगी की ओर ले जाती है। प्रेमचन्द की कहानियों की लोकप्रियता की सबसे बड़ी वजह उनके पात्रों की अपनी भाषा है। वे खुद चुप रहकर अपने पात्रों को अपनी भाषा में भरपूर बोलने का मौका देते हैं। यह किसी कथाकार की सबसे बड़ी ताकत हो सकती है। 'सबीना के चालीस चोर' में लेखिका एक ज़िन्दा भाषा रचती हैं, बुनती हैं और पात्रों को अपनी भाषा देती हैं। यही ताकत पाठकों से एक नजदीकी रिश्ता बनाती है। बिखरते-टूटते रिश्तों को बयाँ करती ये कहानियाँ शब्दों को बिखरने नहीं देतीं। कुछ बानगी देखिए—

"दाँत जगह से खिसक रहे हैं, रिश्तों की तरह उनको भी खिलाल की ज़रूरत पड़ने लगी है।" (पृ. 22)

"सारी औरतें अपने-अपने खटराग खोले बैठी थीं।" (पृ. 34)

"लड़कों के प्रेम में मन गीली मिट्टी जैसा कोमल-कोमल हो उठा।" (पृ. 3)

"उसका मन भी उबलते पानी की तरह चिन्ता में खुदबुद-खुदबुद कर रहा था।" (पृ. 42)

"बहू ने आकर अपनी तरह घर सँभाला और वह पुरानी चीज़ की तरह कोने में रख दी गयी।" (पृ. 86)

“अब्दुल का चेहरा एकाएक आशा से जल उठा जैसे काली रात में सूरज की लाली घुल गयी हो।” (पृ. 98)

“यह दिन तन्दूर से बदतर गुजरेंगे।” (पृ. 144)

“इस कुएँ जैसे दिल में कितनी लाशें, कितने ग़म डालती जाऊँ, कौन सहारा बचा है।” (पृ. 175)

“यहाँ तक कि गन्दगी से उबलती बजबजाती नालियाँ भी सूखी पड़ी थीं। जैसे ज़िन्दगी का परिन्दा कहीं दूर उड़ गया हो।” (पृ. 17)

“खुशी उसकी ड्योढ़ी को लाँघना भूल चुकी है।” (पृ. 176)

इन पंक्तियों में पूरा गाँव अपने जड़-चेतन के साथ, अपने समय और समाज के साथ ज़िन्दा हो उठा है। खुशी और ग़म के साथ-साथ नालियाँ तक कुछ कथा कहती हैं। भाषा के टटके मुहावरे एक ऐसे अभिव्यक्ति-संसार को रचते हैं, जहाँ खेत, घर, कुएँ, बर्तन और गाँव की हवा आपको आमन्त्रित करते हैं, हम सबको उसके पात्र अपने होने की गवाही देते हैं। बेचैन कर देने की हद तक बुलाते हैं। आहिस्ता-आहिस्ता। बेचैनी है तो उम्मीद भी है। नासिरा जी लगभग घोषणा की तरह यह लिखती हैं—“बसन्त तो आएगा और आकर रहेगा अम्मा! आखिर ये बसन्त को कब तक बाँधकर रखेंगे।”—ये शब्द ‘आया बसन्त सखी’ कहानी में सायरा के हैं जो कमसिन लड़की है, ख़्वाब देखने की उम्र है। बैठी इन्तज़ार करती है सपनों के पूरे होने का। गूँगी चमेली बोलना चाहती है, सच-सच सबके सामने। सबीना ने चोरों की पहचान कर ली है, मुन्नी, सायरा, चम्पा, गुल्लो सब एक साथ खड़ी हैं। एक अनजाने रिश्ते की डोर उन्हें बाँध रही है। बहुत कुछ आपको भी। ये रिश्ता लगभग इशारा करते हुए घोषणा करता है—“रोशनी की शक्ल में नयी नस्ल अपने अन्दाज़ से इंसानियत, मोहब्बत और ईमानदारी का परचम लेकर अँधेरे में दाखिल हो रही है।”—आओ साथ हो जाओ।

मैं अपनी औरत हूँ

यह इत्तेफ़ाक है कि सुकृता और सविता सिंह की द्विभाषी किताब 'साथ चलते हुए' मेरे हाथों में उस समय आयी जब मैं किशोरों के लिए एक द्विभाषी (बहुत हद तक बहुभाषी) किताब पर काम कर रही थी। किशोरों की किताब पर काम करते हुए हम बच्चों से यह कह रहे थे—"हर नयी भाषा तुम्हें नयी आत्मा देती है।" इधर 'साथ चलते हुए' कह रही थी—"इन कविताओं ने अपनी एक रहस्यमयी स्वायत्तता में अपने पुनर्जन्म को तय किया। यानी किसी और भाषा में अपने लिए एक नया जीवन। मेरे लिए कविताओं के भाषान्तर का अनुभव विस्मयजनक ढंग से नयी कविताओं को लिखने जैसा ही था—वैसी ही हलचल और उद्वेगों से भरा।"

दो भाषाओं में इन कविताओं को पढ़ते हुए मेरा यह विश्वास और पक्का और सघन हुआ कि जब दुनिया में बहुत कुछ नहीं होगा तब भी रहेंगी कविताएँ। यह विश्वास तब और मजबूत होता है जब कविता की पगडण्डी पर दो भाषाएँ गलबहियाँ डाले नये आगाज़, नयी ध्वनि, नयी पदचाप के साथ हमें आमन्त्रित करती-सी दीखती हैं। यह दो स्त्री कवियों की सहयात्री कविताएँ हैं। आप इस यात्रा में पूरी दुनिया के स्त्री स्वर की अनुगूँज सुन सकते हैं। आज की स्त्री का लक्ष्य पितृसत्तात्मकता का विरोध मात्र नहीं है। वह नयी स्त्री है और आगे का रास्ता तय करने को तैयार है। अपने आप को नये अन्दाज़ में रखती हुई। अपने वजूद की घोषणा करती हुई-सी—

मैं किसी की औरत नहीं हूँ
मैं अपनी औरत हूँ
जब जी चाहता है तब खाती हूँ
मैं किसी की मार नहीं सहती
और मेरा परमेश्वर कोई नहीं

यह नयी स्त्री अपने भीतर से बाहर निकल कर दुनिया भर की स्त्री की आवाज़ बन उसकी निगरानी करती है। उसके लिए प्रार्थना भरे गीत गाती है—

अकसर मैं अपने भीतर से
बाहर निकल आती हूँ

उसकी निगरानी करने, देखने
और उसके पीछे-पीछे रहने के लिए
... ...
मैं उसके लिए गाती हूँ
ताकि वह अपने अस्तित्व की धुरी को
पा सके

इस संग्रह की कविताएँ आठ शीर्षकों के अन्तर्गत रखी गयी हैं। ध्यान से देखें तो 'होना' से 'बसेरा' तक की कविताएँ एक अन्तर्यात्रा हैं—आज की स्त्री की, जो एक साथ मिलकर कल, आज और कल की स्त्री को नया सपना देती है। यहाँ 'होना' कभी एक आवाज है ततैया की, अस्तित्व की—

एक आवाज़ थी भनभनाने की
जो उसके पंख से उठ रही थी
भर रही थी खालीपन को
जैसे कोई परिभाषा अस्तित्व की

पूरे संकलन में अँधेरा, धुँधलका, कोहरा जैसे शब्द बार-बार आये हैं लगभग हर कविता में। कुछ-कुछ स्वीकार मुद्रा में। 'तोड़ती पत्थर' की मज़दूर स्त्री के 'स्वीकार' की तरह। पर दिलचस्प यह है कि यह स्त्री हर अँधेरे, धुँधलके और कोहरे के भीतर से एक रोशनी की तलाश करने में लगी है—

अभी बहुत धुँधलका है
अभी रहने दो मुझे कोहरे में
करने दो प्रेम
होने दो और दुखी
समझने दो क्यों प्रिय है! सत्य को झूठ का आवरण!

'होना' शीर्षक के अन्तर्गत शामिल 'मैं किसकी औरत हूँ' कविता है जो एक तरह का घोषणा-पत्र है—स्त्री के वजूद का। अपने होने के गुरूर से लबालब। सत्तर-पचहत्तर साल की फटकार खायी स्त्री के बहाने दुनिया की उन सभी स्त्रियों के लिए जो अभी जानती नहीं कि—

कुछ घटित हुआ जिसे तुम नहीं जानतीं
हम सब जानते हैं अब
कि कोई किसी का नहीं होता
सब अपने होते हैं
अपने आप में लथपथ अपने होने के हक से लकदक

ऑक्टोवियो पाज़ ने कहा है—"एक लेखक की नैतिकता उन विषयों में निहित नहीं जिन्हें वह उठाता है, उन तर्कों में भी नहीं जिन्हें वह प्रयुक्त करता है, यह भाषा

के साथ उसके बर्ताव में बसी हुई है।"—दरअसल भाषा के साथ यह बर्ताव कविता के लिए सबसे ज़रूरी तत्त्व है। यों तो इस दृष्टि से इस संग्रह की सभी कविताएँ उल्लेखनीय हैं पर 'क्या यदि' कविता भाषा के टटके मुहावरे लेकर आयी है। मूल अंग्रेजी 'ह्वाट इफ' और 'क्या यदि' दोनों में ही इस मुहावरे की रक्षा भी हुई है। इस कविता में एक भी शब्द प्रेम के बारे में नहीं है, पर 'क्या यदि' अपने आप में एक तरह की स्वीकृति है—प्रेम की। कोई घोषणा नहीं है पर यहाँ एक ऐसा सवाल है जो उसके होने के इर्द-गिर्द घूमता है। दो पंक्तियों के बीच एक आवाज़ है जो पूरी शिद्दत से यह कहती है कि समय या देश की तमाम दूरियाँ हों तब भी हम होंगे और प्रेम भी रहेगा।

फ्रीडम न्यामुबाया को समर्पित कविता है—'जब साँप आश्रय के लिए आये।' न्यामुबाया के बहाने यह संघर्ष की ओर एक इशारा है क्योंकि दुनिया की हर स्त्री साँपों के बगल में सोती रही है।

इंग्लैण्ड की मशहूर कवि सिल्विया प्लाथ पर केन्द्रित कविता 'प्रेम के बारे में' पूरी दुनिया की स्त्री को एक छत के नीचे ला खड़ा कर देती है। सिल्विया प्लाथ हो, सुनुनगुकाई हो या रेल में साथ यात्रा करती चेहरे पर लकीरों वाली स्त्री—सभी के लिए एक आह्वान है कि आओ—

यहाँ जीवन की हल्की रोशनी में फूलों की तरह खिली हुई
मिलेंगी जीवन जीने की अमूल्य सलाहें अब
यह कौन-सी जगह है? कौन-सा रास्ता है? क्या यह
रास्ता प्रेम से होकर जाता है?

'सर्जना' की पहली कविता है—'अपनी भाषा के लिए'। यह भी महज संयोग है कि यह कविता मेरे सामने तब आयी जब हम बच्चों के लिए किताबें लिखते हुए उनकी अपनी भाषा को तरजीह दे रहे थे। अपनी भाषा के लिए छटपटाहट वास्तव में अपने वजूद को पाने की छटपटाहट तो है ही, अपने सपनों और अपने इतिहास के न होने की भी है। इस कविता में यह ऐसी छटपटाहट बन कर उभरी है।

सर्जना और अनुभव का गहरा सम्बन्ध है। उधर हम कह रहे थे कि बच्चे अपने पूर्वानुभव से नये ज्ञान का सृजन करते हैं। इधर यह किताब कह रही है कि स्त्री को अपनी दुनिया के उजाले और अँधेरे, सत्य और झूठ को जानने के लिए अभी और रचना होगा, पकना होगा। संघर्ष करना होगा। तब जाकर धुँधलके से बाहर वह सुन्दर कविता आएगी जिसे अभी रचा जाना है दुनिया की तमाम कलमों से। मात्र स्त्री द्वारा नहीं। वह कविता जिसमें संवेदना होगी। वह दर्शन की मोहताज नहीं—

क्या कर दिया है तुमने मेरा हाल मेरी कविता
रह नहीं गयी किसी और काम के लायक
घूमती रहती हूँ लगातार तुम्हारी खोज में

तुम्हारे ही साथ
पहचानती नहीं अब किसी हॉब्स, लॉक या रूसो को

चुप्पी को तोड़ते ये शब्द एक विश्वास हैं– *"शब्द गिरते/...शब्द/इकट्ठे होते/ अनुच्चारित पक्तियों में।"*

इस संग्रह में जहाँ-तहाँ स्त्री-दुनिया की ऊहापोह को बड़ी ताजगी के साथ रखते हुए भाषा के खेल गौर करने लायक हैं। 'नया व्याकरण' (न्यू ग्रामर) नामक छोटी-सी कविता भाषा में संयोजकों के माध्यम से स्त्री की वर्तमान स्थिति का एक ऐसा रूपक गढ़ती है, जो वास्तव में कविता को भी नया व्याकरण देती है–

मानो कि तुम ही वह अकेली हो
यद्यपि तुम ही वह अकेली हो

इसे पढ़कर डब्ल्यू.एच. ऑडेन याद आते हैं जिन्होंने कविता लिखने के लिए सबसे ज़रूरी बात रेखांकित करते हुए कहा है कि–'प्ले विद द वर्ड्स'।

'अन्यता' शीर्षक के अन्तर्गत ली गयी कविताएँ खास तौर से पूरी दुनिया से एक अनन्यता की ओर इंगित करती हैं। यहाँ कई देशों की अनुगूँज एक साथ मिलेगी। कहीं 'रिल्के' की कविताओं की अनुगूँज है तो कहीं आत्मा के खालीपन के लिए प्रेम से लबालब 'सारा'। साथ ही 'सुनामी के स्नैपशॉट्स' भी हैं। शब्दों में इस सुनामी को देखिए–

"इस अकेले ग्रह पर/देखा नीचे/पानी को शवों से फूलते हुए।"

यह कोई कबीर की उलटबाँसी नहीं, सुनामी की विभीषिका को बयाँ करती हुई उसकी एक ज़िन्दा तसवीर है। चित्रकारी की भाषा में नया सुर्रियलिज्म–ऐसा शब्दांकन जिसे आप ज़िन्दा कविता कह सकते हैं।

'निरखना' खण्ड में दो बातें ध्यान देने की हैं। यहाँ तीन पीढ़ियों की स्त्री एक साथ आयी हैं। इसे पढ़ते हुए नवनीता देवसेन की 'सीता से शुरू' याद आयी। वहाँ भी तीन पीढ़ी की स्त्रियाँ एक घर में एक साथ अपनी कहानी कहती हैं और यहाँ अपनी बच्ची के कपड़ों के अलमारी के जरिये तीन छायाएँ एक साथ खड़ी हैं–

मैं सब कुछ देखती हूँ
पूरी तरह से खुली
कपड़े की अलमारी उसकी
अपलक/मेरी माँ अपनी छाया संग
मैं अपनी और मेरी बेटी
तय करती अपनी, पदार्पण करती उसमें
तीनों छायाएँ एक जैसी
और हमारे नाभिनाल
अविच्छिन्न

इस कविता में एक ओर कपड़ों की अलमारी जैसे नये काव्य-बिम्ब रेखांकित करने लायक हैं। दूसरी ओर ऐसे बिम्ब भी आये हैं जहाँ स्त्री को नाव के रूप में देखा गया है। सम्भवतः कविता में पहली बार–

कौन जान सकता है लेकिन
जैसे एक स्त्री जानती है देह को
कौन जानता है बना सकती है वह इससे कैसी नाव
पार कर सकती है कौन-सी सरिता
... ...
कि मुक्त कर सकती है वही
देह को देह से
उठा सकती है जीवन पर पड़ा आखिरी पर्दा...

चिराग दिल्ली के पास स्थित जहाँपनाह जंगल पर दो नायाब कविताएँ इस संग्रह के 'पालना' में हैं, जो प्रेमियों के साथ-साथ पाठक को भी आमन्त्रित करती हैं–पढ़े जाने के लिए। दोनों ही कविताओं में ज़िन्दगी के भयावह घुमावदार अन्तहीन मोड़ों के साथ-साथ ज़िन्दगी के होने की, उसकी शुरुआत की आहट मौजूद है–

प्रेमियों को आमन्त्रित करता
कि वे उसके सीने पर खुदी
घुमावदार सीढ़ियों से आएँ
ताकि समय की कोख तक पहुँच सकें
और इतिहास की शुरुआतों को छू सकें।
... ...
मैं खुद को पाती हूँ
अपनी दादी की गोद में बैठी
अपनी आँखें, कान और मुँह को
बिल्कुल खोले
और वह शुरू करती है एक बार फिर
एक समय था...

इस पूरे संग्रह में एक अनकही-सी आस्था, ज़िन्दगी के प्रति विश्वास और प्रेम के होने की आहट मौजूद है। आनेवाले दिनों में बहुत कुछ नहीं होगा पर 'आस्था' होगी। 'रिश्तों' में विश्वास हमें अपने वजूद को पाने में मदद करता है–

अम्मा ने तन कर खड़ा होना सिखाया
इसी से एक अनाम रिश्ता जोड़ा–कितने ही घरों
बन्द गलियों
और पिछली गलियों की स्त्री से।

'आखेट' कविता में आने वाली पीढ़ी के प्रति एक विश्वास अभिव्यक्त हुआ है। यह विश्वास कि भले ही राजनीतिज्ञों को नहीं दिखता कोई दोषी पर समय उन्हें नहीं छोड़ेगा, जिन्होंने गुजरात के दंगे में हैवानियत का नंगा नाच दिखाया। पर उसके शिकार स्त्री-पुरुषों, बच्चों के साथ जो हुआ, उसका जवाब आनेवाले कल के बच्चे देंगे। क्योंकि–

अजन्मे बच्चों के प्रेत
तब तक विश्राम नहीं करते
जब तक वे प्रवेश नहीं कर जाते
अपने हत्यारों के शरीर में
जिन्होंने उनकी माँओं से बलात्कार किये।

आज के बाज़ार में हर कोई खुशी-खुशी अपना सिर कटवा रहा है। इस पर खूबसूरत व्यंग्यात्मक अभिव्यक्ति है 'बसेरा' के अन्तर्गत शामिल कविता 'सहमति'–

बेचते हुए कितना हल्कापन महसूस होता है
खरीदे जाते हुए कितना सन्तोष
यह तो बाज़ार ही जानता है अब
या बाज़ार में बिकती चीज़ें

पूरे संग्रह की कविता में भाषा अद्भुत शब्द संयोजनों के साथ मौजूद है। कविता में रेखांकन को देखिए–

उम्र होगी कोई सत्तर-पचहत्तर साल
आँखें धँस गयी थीं उसकी
मांस शरीर से झूल रहा था
चेहरे पर थे दुख के पठार
थीं अनेक फटकारों की खाइयाँ।

कहीं-कहीं तो अनुवाद कविता के आगे-आगे चलता कविता को रास्ता दिखाता हुआ-सा लगता है–

ऑलदोज/मून्स एण्ड स्टार्स/टॉस एण्ड टर्न/इन द युनिवर्स
(सारे चाँद तारे ब्रह्माण्ड में आलोड़ित हैं।)

ऐसे उदाहरण पूरे संग्रह में भरे पड़े हैं। पढ़ते हुए हमेशा यह एहसास भी बना रहेगा कि ये कविताएँ दो स्त्रियों की भाषायी कसीदाकारी को बखूबी चिह्नित करने में समर्थ हैं।

हार न मानने वाला एक और मुखड़ा

इधर के वर्षों में कविता से ज़्यादा उपन्यास या फिर कहानियाँ ही लिखी गयी हैं। कुछ ही वर्षों पूर्व ('मुझे चाँद चाहिए' से पहले) यह लगने लगा था कि अब उपन्यासों का लिखा जाना बन्द-सा हो गया है। बीसवीं सदी के अन्त में कुछ ऐसे महत्त्वपूर्ण उपन्यास आये जिससे यह सोचा जाने लगा कि सम्भवतः अगली सदी उपन्यासों की हो। 'मुझे चाँद चाहिए' के बाद उपन्यासों को एक नया मुहावरा भी मिला। उसके बाद जो भी उपन्यास आये हैं, एक नये कथा-साहित्य के काव्यशास्त्र की माँग करते हैं। ऐसे में ऊपर-ऊपर से इन मुहावरों से बिल्कुल अलग लगभग प्रेमचन्दीय पैटर्न पर लिखा अब्दुल बिस्मिल्लाह का उपन्यास 'मुखड़ा क्या देखें' चौंकाता भी है और आकृष्ट भी करता है। पहला तो इसलिए कि यह 'झीनी-झीनी बीनी चदरिया' वाले अब्दुल बिस्मिल्लाह का उपन्यास है। दूसरा इसलिए कि यह आज के औपन्यासिक मुहावरों से एक हद तक परे है।

अपनी पहचान का संकट प्रत्यक्ष या परोक्ष रूप से हमारी साहित्य-चिन्ता का विषय बन गया है। यही कारण है कि बहुराष्ट्रीय कम्पनियों के आगमन से परिवर्तित देश जहाँ एक ओर सबकी चिन्ता का विषय है, वहीं दूसरी ओर साहित्य दृष्टि भी इसे लेकर नये मुहावरे गढ़ने में लगी हुई है। इसके साथ ही हमें यह नहीं भूलना चाहिए कि आज़ादी की नींव में कहीं कोई कमज़ोर ईंट के कारण भी हमारी पहचान या स्वतन्त्रता ख़तरे में पड़ गयी है। बहुत हद तक इसकी ओर इशारा करता है यह उपन्यास।

स्वतन्त्रता के बाद से ही हम संशयग्रस्त वातावरण में साँस ले रहे हैं और यह संशयग्रस्त वातावरण भारतीय ज़मीन और मानस दोनों को टूक-टूक किये दे रहा है। लेकिन बिस्मिल्लाह का यह उपन्यास टुकड़े-टुकड़े सच्चाई को बयाँ करता हुआ जिस सच्चाई की ओर इशारा कर रहा है, वह साबुत है। वह ठोस और साबुत धरातल हमारी संस्कृति का है जो हमें ज़िन्दा रहने का सलीका देती है। 'मुखड़ा क्या देखें' संशय से अलग एक सीधे रास्ते की ओर संकेत करता है।

'अली चुड़िहार' इस उपन्यास का नायक तो नहीं लेकिन मुख्य पात्र है। रामवृक्ष पाण्डे की बेटी लता के ब्याह की गहमा-गहमी है। लेकिन अली चुड़िहार नहीं दिखायी

पड़ रहा है। स्वतन्त्रता के बाद बलापुर में यह पहला ब्याह है जबकि भारत-पाकिस्तान के बँटवारे की बात हवा में बड़े ज़ोरों से थी। इस एक घटना के बाद इस उपन्यास में संशय का एक ऐसा बीज पड़ता है जो फूटकर कई-कई शाखों के रूप में पनपने लगता है। अली अपमानित होता है, फिर गाँव छोड़कर जाने के लिए विवश हो जाता है जबकि उपन्यास के अन्त में वह न केवल लौट आता है बल्कि वहीं की मिट्टी में मिल जाता है।

स्वतन्त्रता के बाद के संशयग्रस्त माहौल में रामवृक्ष पाण्डे को अली के न आने का कारण सशंकित कर जाता है। उधर अली भी अपमानित होकर मुसलमान सत्तार के अब्बा के पास जाता हुआ सोचता है–"मुसलमान दुनिया के हर मुसलमान को अपना बिरादर समझता है। इसीलिए वह मुसलमान के दुख से दुखी होता है और खुशी से खुश।" लेकिन अली अहमद यह नहीं समझ सका कि–"वह वैसा मुसलमान नहीं है जैसे जब्बार मौलवी साहब हैं।"

"मुसलमान और मुसलमान में भी फ़र्क़ होता है जैसे हिन्दू और हिन्दू में फ़र्क़ होता है। कुछ हिन्दू और कुछ मुसलमान एक जैसे होते हैं, उनके सोचने का ढंग एक जैसा होता है। वे कुछ दूसरे हिन्दुओं और कुछ दूसरे मुसलमानों से अलग होते हैं।" लेकिन अली कुछ 'दूसरे' मुसलमानों से अलग रहकर भी फ़र्क महसूस करता है। जब पतरस उसे ईसाई होने का मशविरा देता है तो अली सोचता है–"आखिर उसके बाप-दादा ने भी तो किसी ज़माने में अपना धर्म बदला था और हिन्दू से मुसलमान हुए थे। मगर जाति? जाति तो नहीं बदली थी उनकी। वे पहले भी निम्न जाति के थे और अब भी हैं। ऊँच-नीच का यह भेदभाव हर मजहब और मुल्क के हर हिस्से में मौजूद है। इस भेदभाव को न कोई सन्त मिटा सका न कोई पैगम्बर।"

प्रारम्भ में यह भ्रम हो सकता है कि यह उपन्यास भारत-पाकिस्तान के बँटवारे की ज़मीन पर लिखा गया है। इसमें स्वतन्त्रता का इतिहास है पर यह इतिहास नहीं है। यह महज़ तारीख़ों का दस्तावेज़ नहीं बल्कि तारीख़ों के बदलने के साथ बदलती भारतीय सोच, भारतीय दृष्टि, भारतीय परिदृश्य और भारतीय आत्मा का दस्तावेज़ है।

स्वतन्त्रता के बाद हो रही राजनीतिक उथल-पुथल की आहट गाँव तक उसी रूप में नहीं पहुँच रही थी लेकिन फिर भी गाँव बदल रहा था। "गाँव में गाँव की व्यवस्था समाप्त हो रही थी। उसकी जगह एक नयी व्यवस्था आ रही थी जो न तो शहरी थी और न कस्बाई। उसका रूप, उसका नाम, उसकी संज्ञा सब कुछ अनिश्चित और अपरिचित।" स्वतन्त्रता के बाद जो व्यवस्था कायम हुई उसकी नींव के दोषों की ओर भी उपन्यास संकेत करता है।

दरअसल जिस 'ग्लोबल विलेज' की चर्चा आज बहस का मुद्दा बना हुआ है, उसकी शुरुआत भारत में औपनिवेशिक शासन के अन्त के साथ ही हो जाती है जिसका वास्तविक रूप 'अमेरिकनाइजेशन' भी है।

यह उपन्यास प्रेमचन्दीय पैटर्न पर लिखा अवश्य गया है लेकिन यह उस परम्परा को नया मुहावरा और आयाम भी देता है। यहीं हिन्दू, मुसलमान और ईसाई तीनों धर्मों के रीति-रिवाजों, त्योहारों, विवाह का एक साथ सूक्ष्म विवरण पहली बार दिखायी पड़ता है। भारतीयता? क्या त्योहार और उत्सव भी भारतीयता की पहचान हैं? अब्दुल बिस्मिल्लाह का यह उपन्यास क्या भारतीयता को धुँधलके से निकाल साकार पहचान देता है? ये सारे प्रश्न बड़े जटिल हैं लेकिन इतना तय है कि "जीवन में जन्म-मृत्यु और विवाह-त्योहार जैसी चीज़ें न हों तो अनेक तरह की शत्रुताएँ हमेशा-हमेशा तक शत्रुताएँ ही बनी रहें।"

उपन्यास का यह वाक्य हमें निश्चय ही भारतीयता का एक दर्शन, एक अवधारणा देता है।

उपन्यास का अन्त तो वहीं हो जाता है जहाँ लल्लू का कत्ल हो जाता है और कोई भी रिपोर्ट लिखाने को तैयार नहीं है, तब सत्तार की अम्मा की भूमिका महत्त्वपूर्ण है। ललुआ का कत्ल देश की मर्यादा का कत्ल है जिसकी शिनाख़्त के लिए इन्सानियत की ऊर्जा की आवश्यकता है।

उपन्यास के अन्त में अन्तःकथा के बीच अजय का चरित्र उभरकर आया है। वह न होता तो यह उपन्यास आधुनिक सन्दर्भ में अपना स्थान न बना पाता। इस कथा के आगमन से अजय के भीतर, जो अन्याय के जंगल में घिर गया है, उसे चारों ओर खून ही खून दिखायी पड़ता है, महात्मा सच्चिदानन्द से मुन्ना के सच को सुनकर उसमें एक नया विश्वास जागता है। एक और सुबह होती है 'सारे दुख दफ़न हो गये'—न केवल अजय के बल्कि 'मुखड़ा क्या देखें' के हर मुखड़े के।

लोकधुन में गीत गाती हुई स्त्रियाँ जा रही हैं— *'गहरी नदिया अगम बहे पनियाँ/ पिया चलले परदेसवा बिहरेला रामा छतिया/जो हम जनती लोभिया जइबे रे विदेसवा पिया के पयेतंवा ए लोभिया छिपइती रे अँचरवा।'* अजय नयी सुबह जिस ज़मीन पर आँखें खोलता है, वह लोक संस्कृति की है, जिसे तिरोहित होता वह नहीं देख सकता। यही वह ठोस धरातल है जिसकी ओर यह उपन्यास संकेत करता है। यह लोक-संस्कृति अब्दुल बिस्मिल्लाह की भाषा में भी ज़िन्दा है। वे गाँव के लुप्तप्राय मगर टटके शब्दों और मुहावरों की ऐसी झीनी-झीनी चादर बुनते हैं कि जिसके नीचे बलापुर गाँव ही नहीं, बल्कि सारा उत्तर भारत समा जाता है। 'इण्टर-टेक्स्चुएलिटी' का नया प्रयोग उत्तर-आधुनिक साहित्य में होने लगा है, जिसका एक नमूना इस उपन्यास में भी है। लेकिन अब्दुल बिस्मिल्लाह शास्त्रार्थ की परम्परा का निर्वाह अगर ज़रूरी न समझते तो उनका यह उपन्यास भी बेदाग होता।

सांस्कृतिक जागरण के सवाल को औपन्यासिक कला के माध्यम से अभिव्यक्त कर यह उपन्यास एक दर्पण बन सकता है और इस दर्पण में जो मुखड़ा दिखायी पड़ता है, वह 'अजय' है। एक ऐसा भारतीय चरित्र जो कभी हार नहीं मानता।

किंचित-किंचित पुरुष कथन

दूधनाथ सिंह की किताब 'महादेवी' जब हाथों में आयी तो सबसे पहले इसके मुखपृष्ठ पर ध्यान गया। एक स्त्री अपना मुँह ढँके हुए, बल्कि कहना चाहिए कि छिपाये हुए-सी बैठी है। मन में सवाल उठा 'निराला एक आत्महन्ता आस्था' जैसी किताब का रचनाकार महादेवी को देखने की यह कौन-सी दृष्टि दे रहा है। क्या यह वही महादेवी हैं जो 'जाग तुझको दूर जाना' का सपना देती हैं। या फिर यह मुँह छिपाये सभ्यता है जो 'शृंखला की कड़ियाँ' की रचनाकार से आँखें मिलाने का साहस नहीं कर पा रही, क्योंकि महादेवी ने शृंखला की कड़ियों में एक ऐसी परिधि चुनी जिसमें वर ढूँढ़ने की दैनिक असभ्यता से लेकर लाठियों से ठेलकर नगाड़ों की आवाज़ के बीच स्त्री को ज़िन्दा जलाये जाने की रस्म शामिल है। (कृष्ण कुमार) किताब को पूरी पढ़ने के बाद 'मुँह छिपाये सभ्यता' कुछ और मुखर हो उठती है। यह वही सभ्यता है जो एक ओर ठण्डी, निर्विरोध आँखों से ढोल-नगाड़ों के साथ ज़िन्दा जलायी जाती स्त्री को चुपचाप देखती है, तो दूसरी ओर जब किसी स्त्री की रचना चुनौती बनकर खड़ी हो जाती है तो उसके लेखक होने पर ही सन्देह करने लगती है। इनके लिए अच्छा लेखन पुरुष मात्र का जन्मसिद्ध अधिकार है। इसीलिए तिलमिलाती, बौखलाती यह सभ्यता स्त्री लेखन पर कहानियाँ बनाती रही है। 'महादेवी' पुस्तक न केवल महादेवी बल्कि स्त्री रचनाकार को स्थूल रूप से मात्र स्त्री (लेखक तो बाद में) की तरह देखने की दृष्टि से भरी पड़ी है—'महादेवी इस देश की पहली मुक्त स्त्री हैं जिनके सिर पर आँचल है' (पृष्ठ 23), 'कुछ लोग मीराँ की साधु-संगति और गृह-त्याग में भी स्त्री विमर्श देख ही लेते हैं' (पृष्ठ 29), 'सुभद्रा जी सिर्फ़ इतिहास की वस्तु हैं। महादेवी इतिहास के ऊपर...समय के सिर पर, समयान्तरों में, समय के बाहर—सर्वत्र' (पृष्ठ 30), 'एक सूक्ष्म स्त्रीकवि दृष्टि है, जो देह-धजा पहले परखती है, मन और गुण-अवगुण और मनोविज्ञान बाद में' (पृ. 52), 'आवेश में सिर्फ़ उन्होंने उन्मत्त प्रेम किया' (पृ. 245)।

दूधनाथ सिंह जैसे रचनाकार-आलोचक की इस दृष्टि ने मुझे चौंकाया। वे मेरे प्रिय लेखक हैं। उनकी भाषा की मैं मुरीद हूँ। इसीलिए आज मेरे मन में कई-कई सवाल हैं। भाषा के प्रति ऐसा सचेत (जब मैं भाषा के प्रति सचेत कह रही हूँ तो

संस्कृति के प्रति सचेत उसमें शामिल है) लेखक भी जब महादेवी पर लिखने बैठा तो बिना किसी ठोस प्रमाण के उसकी रचनाओं के 'तुम' में एक पुरुष मात्र तलाशता रहा। जबकि दावा यह है कि–'इसमें उन तरीकों का इस्तेमाल नहीं किया गया है जो महादेवी को लेकर एक रूढ़ि बन चुके हैं और लगभग क्लिशेज का रूप धर चुके हैं।' (उपकथन) इसे 'किंचित-किंचित रिसर्च' की तरह देखते हुए भी यह पुस्तक महादेवी के पार्थिव की कुंजी का कोई ठोस प्रमाण नहीं देती जिसका दावा वे इसी पुस्तक में करते हैं–'महादेवी के पार्थिव की कुंजी हाथ लगते ही मैं चमत्कृत हो उठा। इसीलिए पूरी किताब में मैंने इस पद को 'पार्थिव-अपार्थिवता' के रूप में ही रखा है, जबकि महादेवी अत्यन्त सचेत ढंग से इसे 'अपार्थिव-पार्थिवता के रूप में रखती हैं। उनके ज़माने की भारतीय स्त्री अपने प्रेम गीतों की संरक्षा इसी तरह कर सकती थी। महादेवी अपने गीतों के इस 'आलम्बन' को सात पर्दों के भीतर रखती हैं। उन्होंने भूल-से भी अपने पूरे लेखन में 'नरसिंहगढ़' की कभी चर्चा नहीं की, जबकि उनका परिवार वहाँ सन् 1913-14 से लेकर लगभग सन् 1928-29 तक रहा और महादेवी 'क्रॉस्टवेथ' से हर गर्मी की छुट्टियाँ वहीं अपने परिवार के साथ ही बिताती थीं। 'नरसिंहगढ़' के बारे में कोई 'चलचित्र नहीं' कोई 'स्मृति की रेखा' नहीं, कोई 'बचपन के दिन' नहीं। क्योंकि उनके किशोर और युवा रोमांस के 'चलचित्र' और 'स्मृति की रेखाएँ' तो उनकी सारी कविताएँ हैं।

इस अर्थ में शताब्दी वर्ष में महादेवी पर आयी बहुत-सी किताबों में यह किताब 'किंचित-किंचित' नहीं बहुत-बहुत अलग और नयी है। 443 पृष्ठों की इस किताब को पढ़ते हुए मुझे लगा कि एक 'नोटबुक' पढ़ रही हूँ, हालाँकि इस 'नोटबुक' से नोट्स लेने में भी नाकामयाब ही रही। महादेवी की लिखत-पढ़त, उनके चित्रों-रेखांकनों, उनके जीवन-वृत्त और उनके बारे में लेखक की संस्मृतियों के भीतर से उनको समझने की यह दूधनाथ जी की निजी कोशिश सबकी समझ नहीं बन पाती। शुरू-शुरू में नोट्स वाली बात पूरी किताब का रचनात्मक पाठ करने में बाधक रही बल्कि अवरोधक रही। पर जैसे-जैसे आगे बढ़ती गयी तो महादेवी की लिखत-पढ़त पर लिखी गयी रचनात्मक टिप्पणियाँ भी सामने आयीं और वे बाँधने लगीं। 'निराला एक आत्महन्ता आस्था' 'किंचित-किंचित' याद आयी और मैं पढ़ती चली गयी, क्योंकि इस पुस्तक में महादेवी के बहाने से बहुत-बहुत काव्य-कथन भी हैं।

कविता के बारे में रचनात्मक आलोचना का एक लम्बा लेख 'कविता में सर्वनामों का खेल' शीर्षक के अन्तर्गत है। इसे पढ़कर आलोचना नहीं, रचना पढ़ने का सुख मिलता है। इसके बहाने से वे हिन्दी-उर्दू कविता की पूरी यात्रा करते चलते हैं। इस यात्रा में सहज ही आप भी साथ हो लेते हैं। उसी तरह ये टिप्पणियाँ आपकी अपनी हो जाती हैं जैसे कि महादेवी के 'मैं' और 'तुम' 'ये' और 'वे' में बदल जाते हैं। इसमें सारा समय और समाज समा सकता है। 'महादेवी' सर्वनामों की कवयित्री

हैं। सर्वनाम ही उनका काव्य सौन्दर्य निर्मित करते हैं। वे उनकी कविता की रीढ़ हैं, जिसे आप यानी जिसके अर्थ को आप पकड़ सकते हैं, लेकिन नहीं भी पकड़ सकते। यह मृग-मरीचिका ही उनके काव्य-सौन्दर्य का सृजन करती है। (पृ. 60-61)

महादेवी की कविता में 'मैं' और 'तुम' के खेल को अब तक रहस्यवाद से समझने की कोशिश होती रही है। दूधनाथ सिंह की इस किताब ने शायद पहली बार बहुत प्रबल दावे के साथ उसे 'आधुनिक' और 'सेकुलर' स्थापित किया है। महादेवी के पास साकार-निराकार कोई ईश्वर नहीं है। इच्छाओं का निराश्रय अनाथ संसार है जो महादेवी की कविताओं का अनोखा अद्वितीय 'लोक' है। यही लोक भारतीय स्त्री का 'लोक' है, जिसे लेकर लुका-छिपी खेलती कभी यह अँधेरी रात में अभिसार को निकलती थीं, आज हिंसा का आखेट है। (पृ. 62)

'मैं' और 'तुम' के इस विराट भाषिक खेल को दूधनाथ जी ने नये, पुराने साहित्य के जरिये समझने की कोशिश की है जिसमें पूरा विश्व समाहित है। कविता-भाषा को समझने के लिए उनका यह पूरा अध्याय संग्रहणीय है। अरुण कमल की 'अपनी केवल धार' में यही सर्वनाम 'इनका' और 'उनका' के रूप में व्यक्त हुआ और यही सर्वनाम आपको क्या-क्या बयान करता है और यही सर्वनाम आपको कहाँ तक पहुँचा देता है। छायावाद में निराला के यहाँ यही 'मैं' सबका दुख बयाँ करने का जरिया बन जाता है तो उर्दू कविता में यही 'मैं' सीमित, एकार्थी और स्थूल है। दूधनाथ जी सर्वनामों पर लिखते हुए अपने भीतर को कविता से खेलने का भरपूर मौका देते हैं जैसे कि कवि करता है और आलोचक से बचाए रखते हैं। निराला, प्रसाद, पन्त, बच्चन, ग़ालिब और फ़ैज़ सबको साथ लेकर चलते हैं। उर्दू कविता पर इसमें खूब मन से रमकर पाठकों को आमन्त्रित करते हुए लिखा गया है। पर दूधनाथ जी की अतिरंजक शैली सर्वत्र मुखर है। 'एक को उठाना दूसरे को गिराना' क्या यह अनजाने में हो गया है?—'महादेवी की सबसे बड़ी विशेषता ही यही है कि 'तुम' और 'मैं' के इस खेल में वे कभी भी मिथकों, पुराणों या पुरा कथाओं में नहीं गयीं। जैसे कि अन्य छायावादी गये...'

महादेवी सिर्फ़ छायावाद हैं—'शब्द के भीतर की जगमग, चमक और इसीलिए इतिहास पुराण मिथकों से अलग। नितान्त निजी और सेकुलर। उसको नगजड़ित बनाने के लिए बाहर के अर्थ-गर्भित प्रतीकों की खोज और चाकचक्य प्रयोगों से वे कभी नहीं अटकीं, जैसा कि निराला ने झूमझाम के किया...जैसा कि सजग और सचेत रूप से पन्त ने किया और प्रसाद ने भी।' (पृष्ठ 65) देखने की बात है कि यहाँ अपने प्रिय कवि निराला के लिए चाकचक्य, 'झूमझाम' जैसे विशेषणों का प्रयोग किया है तो पन्त के लिए 'सजग' और 'सचेत' को भी विशेषण की तरह ही इस्तेमाल किया गया है। इस तरह वे महादेवी के इस 'मैं' और 'तुम' के बहाने लेखकों के सर्वनामों पर काव्यात्मक टिप्पणियाँ करते चलते हैं। महादेवी को कभी

बोलेसेंस्की से तो कभी तुलसीदास के 'निरंजन' से जोड़ा है। बोलेसेंस्की के 'मैं गोया हूँ' या फिर कोई एक स्त्री को पीट रहा है—के 'मैं' सार्वजनीन हैं। स्त्री को पीटने वाला 'कोई सर्वव्यापी निर्दय पुरुषत्व है। महादेवी का 'तुम' और 'मैं' भी ऐसी ही सार्वजनिक औरत है। केवल महादेवी नहीं।' ऐसा कहकर भी दूधनाथ जी न जाने बार-बार इस 'तुम' को 'नरसिंहगढ़' में क्यों ढूँढ़ते हैं?

'शृंखला की कड़ियाँ' में महादेवी के स्त्री-विमर्श पर लिखते हुए कई बार उन्हें समझने में भूल करते हैं। पुरुष कथन आगे आ जाता है। शायद स्त्री को देखने की सदियों से बनी दृष्टि के बादल छँटने में अब भी बहुत देरी है। महादेवी के विवाह के सम्बन्ध में भी कुछ अजीब तरह से निष्कर्ष निकालते हैं। जिसमें उनके लिए फैले 'प्रसाद', 'कानाफूसी' उनके स्वभाव के लिए 'उद्धत' 'बिगड़ैल' जैसे शब्दों का प्रयोग किया है पर क्या महादेवी के समीक्षकों को, व्याख्याकारों को इस पर रुककर सोचना नहीं होगा?

एक और बात पर ध्यान देना ही होगा—'महादेवी की पूरी सांस्कारिक संरचना में हिन्दुत्व की मँडराती हुई यह जो प्रेत-छाया है—इसका क्या कर सकते हैं।'

स्कूल में भी गयीं लेकिन ईसाइयों के आचरण और ठाठ-बाट और 'सांस्कारिक भिन्नता के कारण महादेवी को मिशन स्कूल से अरुचि हो गयी।'

'जैसा कि पीछे मैंने लिखा है, वे अपने लिए एक पर्दे की तलाश में हैं। स्त्री होने और आज के समाज में रहने का अभिशाप है पर अपार्थिव के तलाश में।'

इन अंशों के जरिये शोधकर्ताओं और समीक्षकों को नये बिन्दु, नयी दिशा देने का यह कैसा नजरिया है? यह क्या 'चमकृत' करने के लिए है?

'महादेवी की कविता एक विराग की समृद्ध राग-रचना है' जिनमें कई-कई वाद-विवादी स्वर लगाकर वे कहाँ से कहाँ किन ऊँचाइयों तक अपने कथ्य को ले जाती हैं। उनकी गूँज चीत्कार से बाहर है और एक नये प्रकार के समग्र स्त्री जाति के चीत्कार का रूप भी है। यही बातें महादेवी को आधुनिक बनाती हैं। उन्हें पाँत में बैठाना असम्भव है...

यह भारतीय स्त्री की अनजानी घुटन है, सिसकी है। यह राग बाँधकर निकलता हुआ सार्वजनिक रुदन है, जिसमें स्वर केवल एक और समवेत का साक्षी, फिर भी एकाकी है। (पृ. 38)—अगर यह 'समवेत' स्वर है, 'सार्वजनिक रुदन है' तो अनजानी कैसे है? क्या इसलिए कि मुँह छिपाये सभ्यता ने इसे अब तक नहीं जाना?

दूसरी ओर एक और महत्त्वपूर्ण बात भी वे कहते हैं—'वह महात्मा गाँधी की स्त्रियों' यानी आन्दोलन में खींचकर लायी गयी स्त्रियों से सर्वथा अलग हैं, उनके समानान्तर एक दूसरे और बहुसंख्यक स्त्री समाज को अपने भीतर से वाणी देती हैं जहाँ तक महात्मा जी की पहुँच नहीं है। जिनके दुख को महात्मा गाँधी स्पर्श नहीं कर सके, उनके दुख को महादेवी ने अपनी कविताओं और चित्रों में वाणी दी।

क्या कुछ स्त्रियों की मुक्ति ही काफी थी या अधिकांश स्त्रियों के दुख को मुखरित करना, उन्हें वाणी देना है? (पृ. 74) सम्पूर्ण स्त्री जाति के दुख को अपने लेखन में समेटना आज के स्त्री आन्दोलन को भी समेट लेता है लेकिन ध्यान देने की बात है कि यहाँ भी महात्मा गाँधी को लपेट लिया है।

महादेवी के दुख पर 'मैं नीर भरी दुख की बदली' का पर्दा इस तरह पड़ा कि रामचन्द्र शुक्ल जैसे आलोचक ने भी उनके दुख पर व्यंग्य ही किया है। जबकि इसी पुस्तक में शुक्ल पर टिप्पणी करते हुए दूधनाथ जी महादेवी के इस विविधवर्णी दुख को, अधिक सहज और यथार्थ की तरह देखने की चेष्टा भी करते हैं। उनकी टिप्पणी है—"आचार्य रामचन्द्र शुक्ल अपने इतिहास में 'महादेवी' की दुख की इस अवधारणा को हल्के, किन्तु मारक व्यंग्य के साथ 'पीड़ा का चस्का' कहते हैं। साहित्य की उपयोगितावादी और मंगलवादी धारणा वाले शुक्ल जी महादेवी की कविताओं में भी कुछ फल-फूल, कोई विराट ऐतिहासिक या मिथिहासिक (जैसे पृथ्वीराज रासो) संघर्ष, कोई साधनावस्था देखना चाहते हैं। कविता के विविधवर्णी फलक उन्हें पसन्द नहीं।" (पृ. 41)

पूरी पुस्तक में जब वे आलोचक की नज़र से देखते हैं तो एक अलग लेखन सामने है और जब कभी वे रचनाकार की नज़र से देखते हैं तो यहाँ महादेवी के व्यक्तित्व, उनकी कविता और लेखन सम्बन्धी बहुत बेहतरीन टिप्पणियाँ भी किताब में शामिल हैं।

दूधनाथ जी ऐसी टिप्पणियाँ करते हैं तो लगता है कि महादेवी को लेकर उनका आलोचक दुविधा में है। यह तय नहीं कर पा रहा कि महादेवी के दुख को 'निजी' कहें कि 'सामाजिक' क्योंकि महादेवी के दुख पर लिखते हुए वे कभी उसे सार्वजनिक कहकर बड़ा फलक दे देते हैं तो कभी 'अनजानी घुटन' और 'सिसकी' कहकर कुछ संकुचित भी कर देते हैं।

इस किताब में 'मृत्यु से रोमांस' शीर्षक से एक लम्बी टिप्पणी है। यहाँ फिर एक बार बहुत से लेखकों का मृत्यु सम्बन्धी नजरिया उनकी रचनाओं के जरिये दिया गया है। 'मृत्यु और रोमांस' तथा 'मृत्यु और संघर्ष' दोनों का अन्तर दरअसल एक युग परिवर्तन का अन्तर भी है। यही साहित्य का संरचनागत अन्तर बनकर अभिव्यक्त हुआ है। 'मरण का वरण' करने वाले निराला और शमशेर के 'काल तुझसे होड़ है' में यही अन्तर मिलता है। बाद में चलकर निराला अन्तिम कविता में 'पत्रोत्कण्ठित जीवन का विष बुझा हुआ है' कहकर इसको 'मृत्यु और जीवन' में बदल देते हैं। 'सारी कलाएँ मृत्यु के खिलाफ़ मनुष्य का अनवरत युद्ध हैं। स्मृति की संस्कृति जो भी है और जिस रूपाकार में भी है, वह मृत्यु के विरुद्ध लगातार चलने वाली मोर्चाबन्दी है' (पृ. 297) दरअसल इस पूरे अध्याय को साहित्य की ज़रूरत की दृष्टि में पढ़ा जाना चाहिए।

महादेवी के सहज और चाकचक्य विहीन व्यक्तित्व पर चमत्कारिक ढंग से नयी खोजों के साथ लिखी इस पुस्तक को जब-तब कई वर्षों में 'खुसफैल शैली' में अकेले दूधनाथ जी ने ही लिखा है पर ऐसा लगता है कि महादेवी को 'जैसा देखा' 'जैसा सुना' और 'जैसा पढ़ा' को समझने और लिखने वाला अलग-अलग व्यक्ति है इसीलिए कभी-कभी तो लगता है कि जैसे पुस्तक को दो व्यक्तियों ने सवाल-जवाब की तरह लिखा है। पर अजीब बात है कि दूधनाथ जी के ही सम्पादन में बहुत से लोगों द्वारा लिखी किताब जब 'एक शमशेर भी है' आयी तो लगा कि इस किताब को पढ़ने की एक दृष्टि यह किताब बखूबी देती है।

महादेवी के सामाजिक जीवन से सम्बन्धित बहुत से दस्तावेज़, पत्रों और पत्रावलियों के रूप में इस किताब में हैं। महादेवी का स्कूल, साहित्यकार संसद और भी बहुत कुछ। बहुत से पन्ने उनके खुद के बनाये चित्रों और कुछ अन्य फ़ोटोग्राफ्स के रूप में भी हैं। इस दृष्टि से निश्चय ही यह 'किंचित-किंचित' रिसर्च है। पर हैरान करने वाली बात यह है कि महादेवी के चित्रों में विविधवर्णी स्त्री है, कभी दीप जलाती, दीप की लौ बढ़ाती, चाँद को छूने की कोशिश करती, अन्नपूर्णा के रूप में बंगाल के अकाल में कंकालों को अन्न देती। इन सबमें स्त्री एक शक्ति की तरह ही आयी है। उनकी कविताओं में भले ही आँसू का वर्णन है पर वहाँ भी वह दीपशिखा ही है। फिर न जाने क्यूँ दूधनाथ जी उनमें एक निराशा और हताशा ढूँढ़ते रहे। उनके 'तुम' को 'आधुनिक' और 'सेक्यूलर' तथा समूचे समाज को समाहित करते हुए भी उसमें 'स्थूल' और 'पुरुष' को ढूँढ़ते रहे। पाठ पर बात करते हुए भी पाठ से परे कुछ ढूँढ़ते रहे। सोचना होगा कि क्या यह पुस्तक लेखक के प्रति सहज उत्सुकता जगाकर उन्हें नये ढंग से समझने का मार्ग प्रशस्त कर रही है।

काँच की गोलाइयों में क़ैद लड़की की अन्तर्यात्रा

मेरे लिए 'चूड़ी बाज़ार में लड़की' को पढ़ना एक यात्रा से गुज़रना है। एक ऐसी यात्रा जहाँ से लौटने पर सबकुछ वैसा ही नहीं रह पाता, न आप, न वह जगह जहाँ से आप चले थे और न ही वह समय जिसमें आप हैं। मुझे लगा मैं किताब नहीं खुद को पढ़ रही हूँ। किताब के पन्नों को उलटते-पलटते कई बार कई तरीके से पढ़ा। कभी बीच से, कभी अन्त से, तो कभी शुरू से, हर बार एक नये अर्थ के साथ। इस किताब के पन्नों के भीतर से कई बार मैंने कई सदी की स्त्रियों, तो कभी मेरे घर की रसोई में खड़ी स्त्री की धड़कन महसूस की। सीमोन द बोउआर ने कहा था—'स्त्री पैदा नहीं होती, बनायी जाती है।' इधर यह किताब कह रही थी—'भारतीय सन्दर्भ में नारी एक जटिल सामाजिक निर्मिति है। मानव के रूप में वह पैदा भर होती है, पर जन्म के साथ ही उसकी पुनर्रचना का उपक्रम संस्कृति के कठोर औजारों के बल से प्रारम्भ हो जाता है। ...स्त्री-पुरुष सम्बन्धों में समाया असन्तुलन हमारे समाज में किस-किस प्रकार की ऐंठन और रगड़ लगातार उत्पन्न करता है, आप बगैर कहे समझ जाएँगे।'

इस पुस्तक की शुरुआत में कुछ ऐसी पुस्तकों का ज़िक्र है जो 'चूड़ी बाजार में लड़की' की पृष्ठभूमि तैयार करने में कुछ सहायक सिद्ध हुईं। कुछ विदेशी पुस्तकों के साथ-साथ तीन भारतीय कृतियों का भी ज़िक्र है—एक महादेवी वर्मा की—'शृंखला की कड़ियाँ'। दूसरी—लीला दुबे का एक लेख—'हिन्दू लड़कियों का समाजीकरण'। तीसरी इरावती कर्वे की—'युगान्त'। क्या यह महज इत्तेफ़ाक है कि—मैं इसमें जिस चौथी पुस्तक का नाम (चूड़ी बाजार में लड़की) जोड़ना चाहती हूँ वह एक पुरुष ने लिखी है। 'जिसे पढ़कर हम गहरे आश्वस्त होते हैं कि कृष्ण कुमार भारतीय मिथकों, प्रतीकों और परम्पराओं के बीच से गुजरते हुए मात्र एकतरफा दलीलों से नहीं, मानवीय अधिकारों से वंचित स्त्री को जिस चक्रव्यूह से बाहर लाना चाहते हैं, वह निश्चय ही उसके अस्तित्व के संघर्ष की पराकाष्ठा होगी।' (इसी पुस्तक पर कृष्णा सोबती की टिप्पणी)

अनायास तो यह भी नहीं है कि यह किताब फ़िरोजाबाद की अँधेरी गलियों से शुरू होकर आपको एक सड़क पर ला खड़ा कर देती है—'सड़क एक खुली जगह है जिस पर वह (लड़का) कहीं भी रुककर खड़ा हो सकता है। साइकिल से इधर-उधर

यानी अनिर्दिष्ट रूप से घूम सकता है, अन्य लड़कों से बात कर सकता या यूँ ही खड़ा-खड़ा नजारा देख सकता है। इसके विपरीत लड़की के लिए सड़क एक स्थान से दूसरे स्थान तक कम से कम समय में जाने का माध्यम है—एक खुली यानी ऐसी जगह नहीं है जिसका उपयोग और अर्थ वह लड़के की तरह खुद तय कर सकती है।' (पृ. 13) यह किताब हमें सायास उस सड़क पर ला देती है, लगभग आमन्त्रित करती हुई सी। इस उम्मीद के साथ कि यह वह सड़क भी हो सकती है जहाँ से स्त्री- संसार को समझने की दिशा में हमें अभी मीलों चलना है। सड़क से शुरू करके आपको बाज़ार में ले जाती है—जहाँ गहनों की दुनिया है, गहनों से लड़की का कभी लगाव तो कभी अलगाव का रिश्ता, समाज से रिश्ता—एक त्रिकोण बनता चला जाता है, अन्तर्विरोधों से भरा हुआ एक त्रिकोण जहाँ 'सामाजिक जीवन इस अन्तर्विरोधी माहौल को सामान्य बना चुका है। इसलिए हमारी इस विषय पर ध्यान देने की शक्ति और क्षमता कुन्द हो चली है।' (पृ. 18)

इन अन्तर्विरोधों को अभिव्यक्त करते हुए इस यात्रा में कई पड़ाव आये हैं। पहले पड़ाव में 'समता और भिन्नता का ध्रुव' शीर्षक में लड़की और लड़के की भिन्नता को व्यापक (सामाजिक, मनोवैज्ञानिक, सांस्कृतिक, ऐतिहासिक, शैक्षिक कई स्तरों पर) नजरिये से देखा गया है।

यह गौर करने की बात है शिक्षाविद् कृष्ण कुमार की समावेशी दृष्टि अकादमिक और अन्य शैक्षिक मुद्दों को एकीकृत करके रखने का प्रयास करती रहती है—'लड़के और लड़कियों के स्कूलों में एक बुनियादी शिल्पगत फ़र्क़ लम्बे समय से चला आया है। लड़कियों के स्कूलों में प्रायः बीच में वह जगह होती है जहाँ वो खेल सकती हैं। इमारत की संरचना अक्सर इस खुली जगह को घेरते हुए ऐसी किलेबन्दी करती है कि स्कूल में एक फाटक से ही आना-जाना सम्भव होता है।' (पृ. 21)

सम्बन्धों की बुनावट के भीतर से सामाजिक सन्दर्भों को देखने की एक पैनी नज़र इस पुस्तक के लेखक की ऐसी विरल विशेषता है, जो हिन्दी गद्य लेखन की हदबन्दियों को तोड़ता है। वे लिखते हैं—'हालाँकि सोना और जागना दैनिक क्रियाएँ हैं, पर इन क्रियाओं को मनुष्य एक सामाजिक सन्दर्भ में ही अंजाम देता है। सुबह के समय लड़की का जागना माँ के साथ उसके सम्बन्ध को निर्धारित करने वाली भूमिकाओं पर निर्भर है। लड़की का भाई इन भूमिकाओं से संचालित नहीं है। उसके और माँ के बीच सम्बन्ध का निर्धारण करने वाली भूमिकाओं का इतिहास एकदम अलग है।' (पृ. 23)

यह किताब समता के मिथक के भीतर से भिन्नता के पर्तों को बार-बार और कई तरह से खोलती चलती है। इन पर्तों को खोलने की भाषा संवेदना की एक नयी भाषिक अभिव्यक्ति है। भोगने और केवल सुनने के फ़र्क़ पर कृष्ण कुमार जी की संवेदना की भाषा की आहटें सुनें—'सामान्य पुरुष के लिए नारी जीवन की अनिवार्य

वेदना का सबसे बड़ा चिह्न प्रसव की पीड़ा होती है। इस पीड़ा की अभिव्यक्ति के समय स्त्री को एक अलग कमरे में रखने की परम्परा लम्बे समय से रही है। इस कमरे में स्त्रियाँ ही आ जा सकती हैं और कमरे में अँधेरा रखना एक सामान्य बात है। अँधेरे के अलावा गन्दगी की संकल्पना भी प्रसव की सामाजिक लोक-छवि का अनिवार्य हिस्सा है। इस गन्दगी में नारी शरीर से शिशु के साथ बाहर आने वाले तत्त्व तो शामिल हैं ही, प्रसव के समय बिस्तर और कपड़े के गन्दे गीलेपन की अनिवार्यता भी शामिल हैं। आम पुरुष के लिए यह दृश्य उन आवाज़ों तक सीमित रहा है जो प्रसव-पीड़ा से गुज़रती हुई स्त्री के मुँह से निकलती और प्रसव के लिए निर्धारित कमरा यथासम्भव दूर रखे जाने के कारण क्षीण होकर ही सुनाई देती है।' (पृ. 25)

इन क्षीण अनसुनी आहटों की हद तो तब होती है जब मातृत्व को स्त्री की परिपूर्णता की तरह प्रस्तुत करने की संस्कृति (?) को स्थापित किया जाता है। रिश्तों की इस इंजीनियरिंग की परिणति यह थी कि पितृसत्ता की व्यवस्था में स्त्री को अपनी महत्त्वाकांक्षाओं की पूर्ति के लिए मातृत्व का रास्ता ही उपलब्ध था। वही उसके जीवन का उद्देश्य और केन्द्रीय भाव बन गया और जिस स्त्री के जीवन में मातृत्व का सौभाग्य नहीं था, वह दुर्दैव की शिकार मान ली गयी। ...'विवाह के जरिये माँ बनना भी दैनिक कर्म था, उसमें वात्सल्य की अभिव्यक्ति के कारण दैहिकता में भावनात्मक पुट जुड़ जाता है।' (पृ. 27)

पुरुष और स्त्री के अन्तर्विरोधों को परिचित और खूब जाने-पहचाने शब्दों से यह किताब इस तरह मिलवाती है कि लड़की और लड़के के व्यक्तित्व निर्माण में भाषा के जरिये रचा संसार खुलता चला जाता है। भाषा साहित्य और लड़की के रिश्तों के सबसे जीवन्त उदाहरण हमारे मिथक साहित्य हैं खासतौर से रामायण और महाभारत जैसी रचनाएँ—'भारत की लड़कियों के लिए द्रौपदी एक जीवित चिह्न है—उस अनुभव का जो हर स्त्री के लिए रुचि का कारण ग्राह्य बन चुका है कि यह अनुभव द्रौपदी को यथार्थ में हुआ था।' (पृ. 61)

बचपन में गाँव के मेले या बाजार में जब कभी 'तीसरी कसम' फ़िल्म का गीत 'चलत मुसाफिर मोह लिया रे, पिंजरे वाली मुनिया' सुनाई पड़ता था तो इस कहानीनुमा गीत के रूपक की समझ हममें नहीं थी। रीझना, मोहना जैसी क्रियाओं को बाज़ार के सन्दर्भ में समझने की उम्र भी नहीं थी (जब उम्र हुई तब भी यह दृष्टि कहाँ थी?) हमें तो इन शब्दों के पीछे का संगीत मोह लेता था। इस तरह के अन्य फ़िल्मी गाने/धारावाहिक किशोर मन और समाज को कैसे घुन की तरह खाये जा रहे हैं। संगीत की धुन पर थिरकते पाँव क्या गीत के बोल-पाश से मुक्त हैं? भाषा के जरिये इस सांस्कृतिक चाल की लड़खड़ाहट की अभिव्यक्ति के लिए जो भाषा इस्तेमाल करते हैं वह हम सब को मोहेगा पर कुछ उद्वेलित करते हुए—'पुराने सरकार नयी धार लेकर पुनर्जन्म पा रहे हैं। ...सनसनी का उद्योग भूमण्डलीकरण

होकर आबोहवा में फैल गया है।' (पृ. 37)

इस पुस्तक को पढ़ते हुए आप कृष्ण कुमार जी के कवि, कहानीकार, शिक्षाविद्, अध्यापक, चित्रकार, वैज्ञानिक, मनोवैज्ञानिक, समाजवैज्ञानिक (और भी न जाने कौन-कौन से? आप पढ़कर तय करें) कितने रूपों से एक साथ मिलेंगे। एक मनोवैज्ञानिक की तरह माँ और बेटे के रिश्ते पर लिखते हैं—'अपना घर छोड़कर ससुराल आने वाली वधू अपने पति से मानसिक आत्मीयता का सम्बन्ध बनाने में असमर्थ होती है और जैसा कि उससे अपेक्षित है, पुत्र को जन्म देकर उसी से अपने भावजगत की पूर्णता और शान्ति देने की अपेक्षा रखती है। छोटा बालक माँ की इस अपेक्षा को चेतन रूप से नहीं समझ सकता है पर अचेतन के स्तर पर जानता है और उसे पूरा करने में अपनी असमर्थता भाँपकर घबरा जाता है।' (पृ. 39)

एक अच्छा सर्जक पाठक के इन्द्रियों को सचेत और सक्रिय करने की कला में माहिर होता है। यह पुस्तक लड़की के सम्बन्ध में इन्द्रियों की जिस तरह विवेचना करती है, उसे समझने के लिए भी जिस ऐन्द्रिक संवेदना की ज़रूरत है उसे गति दे सकती है। हम बचपन से यही पढ़ते हुए बड़े हुए कि इन्द्रियाँ उपभोग का साधन हैं। मोह माया की जड़ हैं। 'भारत में इन्द्रियों को संशय के घेरे में रखने की परम्परा रही है, भले इस संशय की विवेचना ज्ञान-मीमांसा के सन्दर्भ में कुछ अलग ढंग से की गयी हो और नीतिशास्त्र के सन्दर्भ में अलग। सम्भवतः नीतिशास्त्रीय आग्रहों के कारण इन्द्रियों का ज्ञान संग्रहण के साधन के रूप में स्थान और विकास हमारी पारम्परिक दृष्टि में महत्त्व नहीं पा सकता।' (पृ. 43) जहाँ इन्द्रियों को उपभोग का साधन मात्र माना जाता रहा वहाँ इन्द्रियों को ज्ञान प्राप्ति के साधन के रूप में समझना टेढ़ी खीर थी। टेढ़ी इसलिए कि पुरुष के सन्दर्भ में तो यह कुछ हद तक स्वीकार्य था पर स्त्री के सन्दर्भ में नहीं, स्त्री के लिए सुखों की संकल्पना संस्थाबद्ध है। कुछ इस तरह कि अकेले रहकर स्वतन्त्र होने की वह कल्पना भी नहीं कर सकती। असुरक्षा की चिन्ता का दैनिकीकरण बच्ची से लड़की और औरत बनने की सामाजिक प्रक्रिया को ऐसा उपक्रम बना देता है कि जिसमें आँख, कान और नाक जैसी इन्द्रियाँ अपने सामान्य काम करती नहीं रह सकतीं। इसीलिए लड़कियों के लिए इन्द्रियाँ ज्ञान के विकास का माध्यम नहीं बन पातीं।

'आँखें ज्योति का प्रतीक मानी गयी हैं, शायद इसीलिए क्योंकि वे प्रकाश के सहारे ही अपना काम करती हैं। सामने या चारों तरफ़ न देखकर, नीची निगाह करके चलने की हिदायत देकर हमारी सभ्यता में लड़कियों को एक तरह के अँधेरे में धकेल दिया जाता है।' (पृ. 45-46) लड़कियों के सन्दर्भ में इसी तरह कान, नाक, स्वाद, स्पर्श जैसे इन्द्रियों के विकास के रास्ते को ख़त्म कर दिये जाने की क्षुब्ध टीस इस पूरी किताब में है।

'स्वादेन्द्रिय और आलोचना की भाषा'—चौंकिए मत! यह किसी संगोष्ठी का

विषय नहीं है। क्योंकि भाषा के भिन्न-भिन्न स्वरूपों से रूबरू होने के अवसर लड़की के लिए कोई संगोष्ठी नहीं देती। हमारे साथ आइए और इस किताब के पन्नों को खोलिए और रसोई से निकलते समीक्षा शब्दावली को लड़कियों के सन्दर्भ में एक बार फिर परखिए—'रसोई सिर्फ़ चूल्हाचौकी नहीं है, उस जगह का नाम है जहाँ भोजन की संस्कृति की दैनिक पुनर्रचना होती है। ...रसोई में स्त्री के कृतित्व की समीक्षा दैनिक रूप से होती है जिसे लड़कियाँ अपने बचपन से सुनती हैं। भाषा की समीक्षा का स्वरूप, मूल्यांकन की शब्दावली और आलोचना को बर्दाश्त करने की पहली शिक्षा उन्हें रसोई के यानी स्वाद की इन्द्रिय के सन्दर्भ से ही मिलती है। उनकी संज्ञान क्षमता का सबसे विस्तारित क्षेत्र यही है।' आगे बारीक निरीक्षण की काव्यात्मक भाषा देखिए—'रसोई की दुनिया में स्त्री की दैनिक प्रतिभागिता एक ऐसे मानव का निर्माण करती है जिसे सामान्यतः कहीं जाने की ज़रूरत महसूस न हो, जिसकी आँखें आग पर पकती दाल, सब्जी और रोटियाँ देखती रहें और हाथ जब बेलने, छानने, निथारने, छीलने और काटने में थकने लगें तो बर्तन माँजने का काम सामने पड़ा हो।' (पृ. 49-50)

इस किताब में मनोवैज्ञानिक लेखक की ऐसी अद्‌भुत टिप्पणियाँ मिलेंगी जो समाज वैज्ञानिक दृष्टि के बिना, कभी न लिखी जातीं—'भय उसे कहते हैं जो यदा-कदा लगे, जैसे अँधेरे से लगे तो उजाले में आकर दूर हो जाए, पिता से लगे तो उसके ऑफिस जाने पर हट जाए, समाज के दर्पण का डर तो पूरी चेतना में पसर जाता है, लड़कियाँ उसके साथ जीना सीखती हैं और इस तरह जीना उनके लड़की होने की परिभाषा बन जाता है।' (पृ. 60)

अकेलापन—'यदि मनुष्य एक सामाजिक प्राणी है, जैसा कि स्कूल जाने वाले विद्यार्थी रटते रहते हैं, तो सर्वदा अकेला महसूस करने से बड़ा कौन-सा अभिशाप हो सकता है? द्रौपदी की कथा इसी अभिशाप का सम्प्रेषण है। कपड़े उतार लिए जाने का भय सदा बना रहना चाहिए। यह इस मिथक का सहज और कठोर सन्देश है। कैसी भी ताकत अथवा सम्बन्ध या हैसियत इस भय को दूर रखने के लिए पर्याप्त नहीं है, यह द्रौपदी की कथा की परिस्थितियों से चरितार्थ होता है। द्रौपदी कथा पढ़ने, सुनने या नाटक के रूप में देख लेने के पश्चात् कपड़े का अर्थ ही बदल जाता है।' (पृ. 65) इन पंक्तियों को आये दिन कहीं भी कभी भी होने वाली घटनाओं के आतंक के सन्दर्भ में पढ़ा जाना अभी बाकी है।

पूरा रीतिकालीन साहित्य गहनों की सौन्दर्य गाथा से भरा पड़ा है, उन गहनों का प्रेम सम्बन्धों में एक बड़ी भूमिका के साथ। एक तरफ़ बाज़ारी उद्योग तो दूसरी ओर सांस्कृतिक उद्योग के प्रति गहनों का जैसा विश्लेषण इस किताब में है, वह हिन्दी साहित्य में शायद ही मिले। खासतौर से चूड़ी और लड़की के सम्बन्ध में। कई मुहावरों, गीतों के जरिये चूड़ी को लड़की के जीवन में कैसे सांस्कृतिक प्रतीक बना

दिया गया–इस पर टिप्पणी है–आशा, साहस या ज्ञान का प्रतीक बनने से दीपक का एक सामान्य प्रकाश स्रोत के रूप में प्रयोग बन्द नहीं हो जाता। चूड़ी इस तरह का प्रतीक नहीं है। दरअसल चूड़ी बाज़ार में लड़की को ले जाने में हमारी संस्कृति विज्ञापन का काम करती रही है–'स्त्री की कलाई को विशेष रूप से कमज़ोर बनाना और भाषा की मदद से उसकी कमज़ोरी को स्त्री की पहचान और सुन्दरता का लक्षण बना देना एक सामाजिक कृत्य है।' (पृ. 72) पर इस सामाजिक कृत्य को भाषा ने बढ़ावा दिया है। कवियों ने चूड़ी और गहनों के गीत गाये हैं, एक भाषिक खेल पर सांस्कृतिक खेल के आवरण में। यह किताब सवाल करती है–'ऐसी स्थिति में एक साधारण लड़की से कैसे अपेक्षा की जा सकती है कि शारीरिक और मानसिक रूप से पंगु बनाने की हिंसा को पहचान सके और उसे भाँपकर आत्मरक्षा की खातिर बाज़ार से भाग जाए।' (पृ. 77)

इसीलिए शिक्षाशिल्पी लेखक का मन कभी 'ज्ञान क्या है?' के सवाल को उठाना चाहता है तो कभी लड़कियों के लिए पढ़ने-लिखने और नौकरी चाकरी की दुनिया में आना कैसे सम्भव हुआ, इसकी पड़ताल करता चलता है। डॉक्टर या शिक्षक बनने का पेशा ही लड़की के लिए क्यों सहज बना, यह कौन से सामाजिक दबावों का परिणाम था, इन मुद्दों पर बात करते हुए एक वैज्ञानिक दृष्टि से भी रूबरू होने का अवसर मिलता है।

यह पुस्तक हमें बार-बार याद दिलाती है कि लड़की और उसके आसपास जो कुछ होता रहा है, हो रहा है वह संस्कृति की इंजीनियरी है, इसीलिए बचपन से उसकी कमजोरी कोमलता कहलायी जाने लगती है। यही संस्कृति की इंजीनियरी है। (पृ. 127) इस सांस्कृतिक और व्यवस्थागत इंजीनियरी को भाषा की जिस कारीगरी से उभारा गया है वह सिर्फ़ इसी भाषा में लिखा जा सकता था। क्योंकि बच्ची से लड़की बनने की प्रक्रिया को देखने-समझने की भाषा अभी बन रही है। यह किताब इस बेचैन कर देने वाली बनने की प्रक्रिया को एक आधार देती है।

यह पुस्तक एक उपन्यासात्मक रूप लिए हुए है। जिसका हर पात्र बोलता है। फ़िरोजाबाद की गलियों से लेकर ताजमहल के चबूतरे तक के बीच के सभी पात्र–चूड़ी, गहने, इन्द्रियाँ, भावजगत, रसोईघर, प्रसवघर सब। इसीलिए एक विशेष अर्थ में यह कालजयी रचना है। कॉलेज के दिनों में श्रेष्ठतम कृतियों के लिए जब मैं 'कालजयी' शब्द सुनती थी तो जो अर्थ पकड़ा था वह इतना ही था कि जो रचना हर युग में विशेष महत्त्व की हो और प्रासंगिक हो वही कालजयी रचना होती है। पर 'चूड़ी बाज़ार में लड़की' को पढ़ते हुए उस अर्थ का विस्तार हुआ–वह रचना जिसे पढ़ने के बाद अपने समय और समाज को देखने का नजरिया बदल जाए और आप एक ही समय में कई पीढ़ियों की धड़कनें सुन लें। जिसे पढ़ने के बाद आपकी दृष्टि कई कालों की अन्तर्यात्रा पर निकल पड़े।

एक किताब का जन्म

अभी हाल का अनुभव याद आता है। ज़ाहिर है यह अनुभव एक कवि और लेखक के अनुभव से भिन्न होगा, क्योंकि यह भारत जैसे लोकतान्त्रिक देश के लिए लोकतान्त्रिक तरीके से पुस्तक तैयार करने का अनुभव है। मैंने पहले भी किताबें बनायीं। पर ठीक-ठीक बच्चों के लिए काम करने का अनुभव मुझे तब नहीं था (अब है, ऐसा दावा नहीं करती)। दरअसल, बच्चों या किशोरों के लिए किताब बनाना दुनिया का सबसे मुश्किल 'टास्क' है। मैंने हर नयी किताब बनाते हुए अपने आप को नये रास्तों पर ही पाया है। शुरू-शुरू में मेरा मन बार-बार यह ज़रूर कहता था—कि शायद इस बार यह काम आसान होगा।

गोकि मैं अपनी बातें कहना चाहती हूँ, पर आपको कोई भ्रम नहीं होना चाहिए कि यह दास्तान एक किताब की है। कैसी हो बच्चों की किताब, क्या-क्या हो इसमें, आदि-आदि बातें तो कई बार चर्चा में आयीं, पर कैसे तैयार होती है एक किताब, यह बात पर्दे के पीछे होने के कारण अनसुनी ही रह जाती है। कुछ-कुछ उसी तरह से जैसे ताजमहल की खूबियाँ और खामियाँ तो हमें दिखती हैं पर कैसे बना, किसने बनाया, इसकी अनुगूँज उसकी दीवारों में कहीं नहीं है। हालाँकि मुझे विश्वास है कि आप किताब को ध्यान से देखेंगे तो पन्नों के पीछे की आवाज़ भी सुन सकेंगे।

मेरे सामने उद्धव की गोपियों की तरह कई किताबें खुल पड़ी हैं। कह रही हैं– 'हमका लिख्यो है कहा, हमका लिख्यो है कहा'। देखिए तो, जिन किताबों में मैंने काम किया वे सब की सब अपनी-अपनी कहानी सुनाने को उतावली हो गयीं। पर आज उस किताब की बात करेंगे जिसे परिषद् में पहली बार तैयार किया गया और तैयार करने का मौक़ा मुझे मिला। कहने को बहुत कुछ है इसके पास, पर मैं आपको आमन्त्रित करना चाहती हूँ कि आप आएँ और उसके पन्नों को पलटें, महसूस करें उन क्षणों, दिनों और महीनों को जिसमें वह बनी। पर आपसे गुज़ारिश है कि कुछ-कुछ उस तरह से देखें जैसे आप एक ऐतिहासिक इमारत को देखते हैं।

मेरे सामने एक पन्ना खुला, कुछ कहता हुआ। याद आयी पहली गोष्ठी। किताब की रूपरेखा तय की जानी थी। पाठ्यक्रम में बहुत खुलकर कुछ कहा नहीं गया था और न ही इस विषय पर पहले कोई किताब बनी थी। इसलिए किताब की

रूपरेखा तैयार करना मुश्किल था। पर मन के भीतर किताब की एक झिलमिलाती तसवीर तैयार थी। कुछ सदस्यों के सामने एक रूपरेखा रखी गयी। कुछ हेर-फेर के साथ उसे अन्तिम रूप भी दे दिया गया। खाका बना और बात आगे बढ़ी। तय हुआ एक महीने में पुस्तक का पहला ड्राफ्ट तैयार कर लिया जाएगा। जल्दी ही दो अध्याय लिख कर तैयार हो गये। मैंने पढ़ा, मुझे लगा, बिल्कुल वही है जो मैंने सोचा था। फिर लगा कि सबकुछ कितना आसान है। कुछ दिनों बाद एक-एक करके कुछ अध्याय, अध्याय क्या—कुछ पुलिन्दा-सा मिला। पढ़ा और लगा कि हमारे देश में ऐसे लोगों की कमी नहीं जिनके लिए शिक्षा व्यवसाय से ज़्यादा कुछ नहीं। या शायद मुझे यह भी नहीं कहना चाहिए, क्योंकि जब ऐसे लोगों की संख्या ज़्यादा हो तो—हम तो अल्पसंख्यक ही हुए। ध्यान से सुनिएगा क्योंकि यह मेरी नहीं, किताबों की दास्तान है—उन किताबों की जो बच्चों में आत्मविश्वास भर सकती हैं, उन्हें उम्मीद करना सिखाती हैं। इसीलिए जब उन विश्वासघाती पुलिन्दों को देखा और पढ़ा तो थोड़ी हताशा हुई।

तो दोस्तो, उन अध्यायों को पढ़कर मुझे लगा कितना मुश्किल है उस किताब को आकार देना जो कहीं मेरे भीतर है (हो सकता है आप कहें कि आपके भीतर की किताब को कोई और कैसे समझेगा। आपका सोचना वाज़िब भी है—मुझे कोई ऐसा फ्रेम बना ही लेना चाहिए था जिसके भीतर हर सदस्य अपनी बात रख देता, पर क्या यह इतना आसान है जो खाते में फिट कर लिया जाए? बच्चों की तरह ही किताबों को साँचे में ढालने की कोशिश मुझे कभी नहीं जँची)। हालाँकि दूसरी ओर मुझे यह भी लगा, मैं अपनी योजना को साकार करने में नाकामयाब रही। कहीं भीतर से आवाज़ आयी, ठीक वहीं से जहाँ किताब आकार ले रही थी—'सामने पड़े पुलिन्दों को सुधारना समझौता होगा। उसे पूरी तरह अस्वीकार करके ही चलना होगा।' अब अस्वीकार क़ा साहस मुझ जैसे को जुटाना था। मेरे सामने बच्चे थे जो बोलना चाहते थे। फैसला लेने में देर नहीं लगी। फिर वही हुआ जो होना चाहिए था। ज़ाहिर है इस दौरान इतना समय बीत चुका था कि नये ढंग से लिखा जाना आसान नहीं था। क्योंकि किताब को नये ढंग से विचारने की ज़रूरत पड़ी।

अन्ततः एक बार फिर पूरी पुस्तक की रूपरेखा को नये ढंग से तैयार किया गया। इस नये ढाँचे में पहले से बहुत अच्छे ढंग से लिखे अध्यायों के लिए भी जगह नहीं थी। पूरी किताब की तसवीर में रखने के लिए उसे भी बदलने की ज़रूरत महसूस हुई।

नये ढंग से लिखने की तैयारी शुरू हो गयी। पुस्तक की तीन इकाई में से एक 'जनसंचार माध्यम और लेखन' की ज़िम्मेदारी एक ऐसे व्यक्ति ने निभायी जो न केवल बच्चों से संवादात्मक रिश्ता बनाने में माहिर था, बल्कि पुस्तक निर्माण समिति के अन्य सदस्यों से भी दोस्ताना था। इस तरह ऐसा रिश्ता बना कि पुस्तक का वह

हिस्सा एक-एक करके साथियों के हर सवाल के साथ और बेहतर होता चला गया। फिर तो एक जुनून-सा सवार हो गया। और अगला हर क़दम बच्चे को जन्म देने के अनुभव जैसा लगने लगा।

दूसरी इकाई 'सृजनात्मक लेखन' का पूरा दारोमदार मेरे ऊपर था। 'कैसे बनती है कविता' नामक अध्याय को लिखते हुए मैंने पाया कि अन्य बहुत अच्छे लिखे गये अंशों को भी तराशने की ज़रूरत होगी, कुछ इस तरह कि उससे बच्चों का अपनापे का रिश्ता बने। हालाँकि संवादात्मक रिश्ता बना सकने लायक बनाना आसान न था। वैसे भी ऐसे नये और अनछुए विषयों पर पाठ तैयार करना जटिल प्रक्रिया थी, जो पहली बार स्कूली पाठ्यक्रम के दायरे में आया हो। पर धीरे-धीरे मेरे साथ समिति के बहुत से सदस्य उसी जुनून के साथ जुड़ते चले गये। इस दौरान मजरूह सुल्तानपुरी का यह एक शे'र याद आता रहा—

मैं अकेला ही चला था जानिबे-मंज़िल, मगर
लोग साथ आते गये और कारवाँ बनता गया।

सबसे मुश्किल था तीसरी इकाई का लिखा जाना, क्योंकि व्यावहारिक हिन्दी में अब तक जो कुछ लिखा मिलता था, वह बहुत ही यान्त्रिकता से बोझिल था। हमारी सबसे बड़ी चुनौती थी, इस यान्त्रिकता से हिन्दी को बचा लेने की। जिस सदस्य को यह ज़िम्मेदारी सौंपी गयी थी, उनका लिखा एक कार्यगोष्ठी में पढ़ा गया और सबको राय देने को कहा गया। सभी लोग चुप थे। पर चेहरे साफ कह रहे थे कि यह नहीं चलेगा। उस अध्याय के लेखक मेरी बगल में ही बैठे थे। मैंने पूरे आदर से पूछा—आप बताएँ क्या करना चाहिए? ईमानदार जवाब था, 'नये ढंग से लिखा जाना चाहिए'। लिखने के कुछ अन्य तरीकों पर बात हुई, पर ये तरीके बेहद मुश्किल और अनजान थे। एक प्रयोग की तरह थे। कहानी की तरह उन अध्यायों को लिखा जाना—जो विश्वविद्यालयों और विद्यालयों में निहायत ही शुष्क जगह अख़्तियार कर चुके थे—कुछ नामुमकिन-सा लगा। समिति के वे सदस्य जो अख़बारों में हिन्दी पर अकसर लेख लिखते रहते हैं, ने तो साफ मना कर दिया। हालाँकि उन्होंने पूरी किताब में कुछ नहीं लिखा, पर गोष्ठी में आने से यह भी उनकी देन है, क्योंकि अगर वे लिखने से इनकार न करते तो शायद यह इकाई इतनी अच्छी न लिखी गयी होती। उस गोष्ठी में जब मैंने यह कहा कि—'आज यहाँ पढ़ा गया यह अंश तो किताब में नहीं जाएगा, अगर कोई नहीं लिखेगा, तो मैं कोशिश करूँगी, पर यह नहीं जाएगा। हालाँकि उस वक़्त मुझे नहीं मालूम था कि मैं क्या लिखूँगी। पूरी रात सोचती रही। कहानी के मेरे उस सुझाव पर समिति के अन्य सदस्य भी सोचते रहे। अगली सुबह कई सदस्यों के पास कई नायाब सुझाव थे। अब बारी थी इसे शब्दों में ढालने की। हमारी समिति के एक उस सदस्य ने यह ज़िम्मेदारी ले ली जो पिछले दिन गोष्ठी में नहीं था। यानी जिसने पिछले लेख को भी नहीं सुना था। खैर,

हम उन्हें अपनी सोच बताते गये और उन्होंने उसे वही रूप दिया, जो हम चाहते थे। मंज़िल तो अभी बहुत दूर थी। उस इकाई के एक अध्याय की ज़िम्मेदारी जिस पर थी, उसने लगभग किताब के प्रेस में जाने के दिनों तक भी कुछ नहीं लिखा (हम उन पर विश्वास करते चले गये क्योंकि उन पर अविश्वास करने की कोई वजह नहीं थी)। अन्त में उस अध्याय को लगभग दो दिनों में मेरे साथ जिस सदस्य ने एक बढ़िया रूप दिया था, उन्होंने हम सब साथियों से एक ऐसा रिश्ता कायम कर लिया था, जहाँ कम बोलकर अधिक समझने की कला काम करती थी।

किताब लिख गयी। अब बारी थी इनके चित्रों की। यह काम लिखने के साथ ही साथ चल रहा था। तय हुआ कि कार्टून के सहारे अभिव्यक्ति का एक अन्य पहलू भी विद्यार्थियों तक पहुँचाया जा सकता है। चित्र किताबों का वह हिस्सा होते हैं जो बच्चों, बड़ों सबको, सबसे पहले आकृष्ट करते हैं। ज़ाहिर है उसकी यही खूबी उनकी कमियों को भी सबसे पहले सामने लाती है। इस पूरी प्रक्रिया में कई-कई बार चित्र बने। यहाँ तक कि कई बार तो अच्छे बन गये चित्रों को बेहतर स्थान देने के लिए हमने नये अंश लिखे, नये सवाल बनाये।

प्रेस में जाते-जाते पुस्तक की कुछ प्रतियाँ देखने के लिए आयीं। सामने कुछ ऐसे चित्रों पर निगाह भी गयी जो यूँ तो बहुत अच्छे थे, बच्चों के लिए भी अच्छे थे। पर यह उन लोगों को नागवार गुजरते जो शिक्षा को राजनीति का खिलौना बनाने के आदी हैं। (शिक्षा, संस्कृति और कला जैसे मुद्दों को राजनीति से अलग किये बिना किसी देश का मुकम्मल विकास सम्भव नहीं, क्या आप भी ऐसा मानते हैं?)

इसका नाम तय करना भी बेहद मुश्किल था। तीनों इकाइयों को समाहित करने वाले नाम की तलाश में भटकते हुए आखिरकार एक दिन एक ऐसा नाम मिल ही गया जो इस किताब का मुखड़ा बन सकने के क़ाबिल था। समिति के एक सदस्य, जो पत्रकार भी हैं, ने ही एक ऐसा नाम सुझाया जो हम सबको ठीक लगा। उन्हीं शब्दों को थोड़े हेर-फेर के साथ नया नाम बनाया गया—अभिव्यक्ति और माध्यम। धीरे-धीरे नये रंग-रूप और आकार के साथ अपनी दास्तान कहती यह किताब अब आपके सामने है।